WALTER
BENJAMIN

Rua de mão única
Infância berlinense: 1900

FILŌBENJAMIN   **autêntica**

WALTER
BENJAMIN

Rua de mão única
Infância berlinense: 1900

5ª reimpressão

EDIÇÃO E TRADUÇÃO João Barrento

Copyright da tradução © 2013 João Barrento

Títulos originais: *Einbahnstraße*
Berliner Kindheit um 1900

Todos os direitos reservados pela Autêntica Editora Ltda. Nenhuma parte desta publicação poderá ser reproduzida, seja por meios mecânicos, eletrônicos, seja via cópia xerográfica, sem a autorização prévia da Editora.

COORDENADOR DA COLEÇÃO FILÔ
Gilson Iannini

CONSELHO EDITORIAL
Gilson Iannini (UFOP); *Barbara Cassin* (Paris); *Carla Rodrigues* (UFRJ); *Cláudio Oliveira* (UFF); *Danilo Marcondes* (PUC-Rio); *Ernani Chaves* (UFPA); *Guilherme Castelo Branco* (UFRJ); *João Carlos Salles* (UFBA); *Monique David-Ménard* (Paris); *Olímpio Pimenta* (UFOP); *Pedro Süssekind* (UFF); *Rogério Lopes* (UFMG); *Rodrigo Duarte* (UFMG); *Romero Alves Freitas* (UFOP); *Slavoj Žižek* (Liubliana); *Vladimir Safatle* (USP)

EDITORA RESPONSÁVEL
Rejane Dias

EDITORA ASSISTENTE
Cecília Martins

PREPARAÇÃO
Mariza Guerra de Andrade

REVISÃO
Cecília Martins

LEITURA FINAL
Jean D. Soares

CAPA
Diogo Droschi

DIAGRAMAÇÃO
Conrado Esteves

Dados Internacionais de Catalogação na Publicação (CIP)
(Câmara Brasileira do Livro, SP, Brasil)

Benjamin, Walter, 1892-1940.
  Rua de mão única : Infância berlinense : 1900 / Walter Benjamin ; edição e tradução João Barrento. --1. ed.; 5. reimp. -- Belo Horizonte : Autêntica, 2024. -- (Filô/Benjamin)

  Títulos originais: Einbahnstraße : Berliner Kindheit um 1900
  ISBN 978-85-8217-182-0

  1. Aforismos e apotegmas 2. Epigramas I. Título. II. Série.

13-02782   CDD-838

Índices para catálogo sistemático:
1. Aforismos : Escritos miscelâneos : Literatura alemã 838

Belo Horizonte
Rua Carlos Turner, 420
Silveira . 31140-520
Belo Horizonte . MG
Tel.: (55 31) 3465 4500

São Paulo
Av. Paulista, 2.073 . Conjunto Nacional
Horsa I . Sala 309 . Bela Vista
01311-940 . São Paulo . SP
Tel.: (55 11) 3034 4468

www.grupoautentica.com.br
SAC: atendimentoleitor@grupoautentica.com.br

7. Rua de mão única

Posto de gasolina, p. 9; Sala do café da manhã, p. 10; Número 113, p. 10; Para homens, p. 12; Relógio oficial, p. 12; Volta para casa! Perdoamos-te tudo, p. 12; Casa de dez divisões luxuosamente decoradas, p. 12; Mercadoria chinesa, p. 13; Luvas, p. 14; Embaixada mexicana, p. 15; Solicita-se ao público que proteja as áreas plantadas p. 15; Estaleiro p. 16; Ministério do Interior, p. 17; Bandeira..., p. 17; ...a meia haste, p. 17; "Panorama imperial", p. 17; Trabalhos no subsolo, p. 23; Cabeleireiro para damas sensíveis, p. 24; Atenção aos degraus!, p. 24; Revisor tipográfico ajuramentado, p. 24; Material didático, p. 26; Alemães, bebam cerveja alemã!, p. 27; É proibido afixar cartazes!, p. 27; Número 13, p. 30; Armas e munições, p. 32; Primeiros socorros, p. 32; Arquitetura de interiores, p. 32; Artigos de papelaria, p. 32; Artigos de armarinho, p. 33; Ampliações, p. 34; Antiguidades, p. 37; Relógios e joias de ouro, p. 38; Lâmpada de arco, p. 39; Varanda, p. 39; Perdidos e achados, p. 40; Praça para não mais que três tipoias, p. 40; Monumento aos combatentes, p. 41; Alarme contra incêndio, p. 42; Recordações de viagem, p. 42; Oculista, p. 45; Brinquedos, p. 45; Policlínica, p. 50; Espaços livres para alugar, p. 50; Equipamento de escritório, p. 51; Mercadoria a granel: expedição e embalagem, p. 52; Fechado para obras!, p. 52; Restaurante automático "Augias", p. 52; Filatelia, p. 53; *Si parla italiano*, p. 56; Primeiros socorros técnicos, p. 56; Quinquilharia, p. 57; Consultor fiscal, p. 57; Proteção legal gratuita, p. 58; Chamada para visita médica noturna, p. 59; Madame Ariane, segundo pátio à esquerda, p. 59; Bengaleiro de máscaras, p. 61; Agência de apostas, p. 62; Cerveja ao balcão, p. 62; Proibida a entrada a mendigos e vendedores ambulantes!, p. 63; Para o planetário, p. 64.

67.   Infância berlinense: 1900

<Palavras prévias>, p. 69; Varandas, p. 70; Panorama imperial, p. 72; A Coluna da Vitória, p. 73; O telefone, p. 75; Caça às borboletas, p. 76; Tiergarten, p. 78; Atrasado, p. 80; Livros para rapazes, p. 81; Manhã de inverno, p. 82; Rua de Steglitz, esquina com a rua de Genthin, p. 83; Duas imagens enigmáticas, p. 85; Mercado, p. 86; A febre, p. 87; A lontra, p. 91; Ilha dos Pavões e Glienicke, p. 93; Notícia de uma morte, p. 95; Blumeshof 12, p. 95; Anoitecer de inverno, p. 98; Krumme Straße, p. 99; A meia, p. 101; A Mummerehlen, p. 101; Esconderijos, p. 102; Um fantasma, p. 103; Um anjo de Natal, p. 104; Desgraças e crimes, p. 106; As cores, p. 108; A caixa de costura, p. 109; A Lua, p. 110; Duas charangas, p. 112; O anãozinho corcunda, p. 113.

Apêndice: O carrossel, p. 115; O despertar do sexo, p. 115.

117.   Comentário

Rua de mão única, p. 119.

Infância berlinense: 1900, p. 134.

Rua de mão única

Esta rua chama-se
Rua Asja Lacis
em homenagem àquela que
como um engenheiro
a abriu no corpo
do autor deste livro

Posto de gasolina[1]

A construção da vida passa neste momento muito mais pela força dos fatos do que pelas convicções. Concretamente, de fatos que quase nunca e em lugar algum chegaram a transformar-se em fundamento de convicções. Em tais circunstâncias, a autêntica atividade literária não pode ter a pretensão de se desenvolver num âmbito estritamente literário – essa é antes a expressão habitual da sua esterilidade. Uma eficácia literária significativa só pode nascer de uma rigorosa alternância entre ação e escrita. Terá de cultivar e aperfeiçoar, no panfleto, na brochura, no artigo de jornal, no cartaz, aquelas formas despretensiosas que se ajustam melhor à sua influência sobre comunidades ativas do que o ambicioso gesto universal do livro. Só esta linguagem imediata se mostra capaz de responder ativamente às solicitações do momento. As opiniões estão para o gigantesco aparelho da vida social como o óleo para as máquinas: ninguém se aproxima de uma turbina e lhe verte óleo para cima. O que se faz é injetar algumas gotas em rebites e juntas escondidos que têm de se conhecer bem.

---

[1] Como os textos incluídos neste volume não têm notas de pé de página do Autor, todas as notas, em numeração árabe seguida, são da responsabilidade do organizador da edição.

Sala do café da manhã

Há uma tradição popular que nos diz que não se devem contar sonhos de manhã em jejum. De fato, quem acorda continua, neste estado, ainda sob a ação do sortilégio do sonho. O que acontece é que a higiene matinal apenas desperta a superfície do corpo e as suas funções motoras visíveis, enquanto a indefinição crepuscular do estado onírico se mantém nas camadas mais profundas, mesmo durante as abluções matinais, e se reforça até na solidão da primeira hora de vigília. Aqueles que fogem ao contato com o dia, seja por receio dos homens, seja por necessidade de concentração interior, não querem comer e não dão importância ao café da manhã. Deste modo evitam a passagem brusca entre o mundo noturno e o diurno. Cuidados que apenas se justificam quando o sonho é queimado pelo trabalho matinal intenso, ou também pela oração, mas de outro modo leva a uma confusão dos ritmos de vida. Nesse estado, o relato dos sonhos é fatal, porque o indivíduo, em parte ainda entregue ao universo onírico, o trai nas palavras que usa e tem de contar com a sua vingança. Em termos mais modernos: trai-se a si mesmo. Libertou-se da proteção da ingenuidade sonhadora e, ao tocar sem reflexão nas suas visões oníricas, expõe-se. Pois só da outra margem, em pleno dia, se deve interpelar o sonho a partir de uma recordação distanciada. A esse além do sonho só se pode chegar através de uma purificação análoga à da lavagem, mas totalmente diferente dela, pois passa pelo estômago. Quem está em jejum fala do sonho como se falasse ainda de dentro do sono.

Número 113

*As horas que em si contêm a forma
foram passadas na casa do sonho.*

Subterrâneo

Já faz muito tempo que esquecemos o ritual segundo o qual foi construída a casa da nossa vida. Mas no momento em que vai ser tomada de assalto e já rebentam as bombas inimigas, quantas velharias ressequidas e bizarras estas não põem a descoberto nos alicerces! Quantas coisas não foram sepultadas e sacrificadas sob fórmulas mágicas, que coleção de curiosidades mais horripilante não descobrimos lá em baixo, onde as mais fundas galerias são reservadas ao que há de mais banal na vida quotidiana! Numa noite de desespero vi-me a renovar entusiasticamente, em sonhos, os laços de amizade e fraternidade com o meu primeiro camarada dos tempos da escola, de quem não sei nada há dezenas de anos e de quem praticamente nunca me lembrei neste espaço de tempo. Mas, ao despertar, tudo se tornou claro. Aquilo que o desespero tinha desenterrado como uma carga de explosivos era o cadáver desse homem, que ali estava emparedado e me dizia: quem alguma vez aqui viver em nada se lhe deve assemelhar.

Vestíbulo

Visita à casa de Goethe. Não me lembro de ter visto salas no sonho. Era uma fileira de corredores caiados, como numa escola. Duas visitantes inglesas de idade e um guarda são os figurantes do sonho. O guarda pede-nos que escrevamos o nome no livro de visitantes, aberto sobre a reentrância de uma janela, ao fundo de um corredor. Ao aproximar-me vejo, ao folhear, que o meu nome já lá está, escrito numa letra infantil, grande e desajeitada.

Sala de jantar

Vi-me, num sonho, no gabinete de trabalho de Goethe. Não havia qualquer semelhança com o de Weimar. Reparei que era muito pequeno e tinha uma única janela. O lado mais estreito da mesa estava encostado à parede em frente. O poeta, em idade muito avançada, estava sentado a escrever. Eu deixei-me ficar ao lado, até que ele interrompeu o trabalho e me ofereceu uma pequena jarra, um vaso antigo. Eu a fiz girar entre as mãos. O calor na sala era insuportável. Goethe levantou-se e foi comigo para a sala ao lado, onde estava posta uma mesa comprida para todos os meus parentes. Mas parecia destinada a muitas mais pessoas do que estes. Devia estar posta também para os antepassados. Sentei-me ao lado de Goethe na cabeceira direita da mesa. Quando a refeição terminou, ele levantou-se com dificuldade, e eu, com um gesto, pedi permissão para ampará-lo. Ao tocar-lhe no cotovelo comecei a chorar de comoção.

Para homens

Convencer é estéril.

Relógio oficial

Para os grandes, as obras acabadas têm menos peso do que aqueles fragmentos ao fio dos quais o trabalho atravessa as suas vidas. Só os mais fracos, os mais distraídos, sentem uma alegria incomparável ao terminar alguma coisa, sentindo-se, com isso, restituídos à sua vida. Para o gênio, toda e qualquer cesura, os pesados golpes do destino, e também o sono sereno, são parte do trabalho diligente da sua oficina. Ele traça o campo de ação desta no fragmento. "Gênio é trabalho diligente."

Volta para casa! Perdoamos-te tudo!

Como alguém que dá a volta completa na barra fixa, assim também nós próprios fazemos girar na juventude a roda da fortuna, da qual, mais cedo ou mais tarde, sairá a sorte grande. Pois só aquilo que já sabíamos ou praticávamos com quinze anos será mais tarde a massa de que são feitos os nossos atrativos. É por isso que há uma coisa que não tem reparação possível: ter deixado passar a oportunidade de fugir aos pais. Da solução aquosa daqueles anos, se a deixarmos quarenta e oito horas entregue a si mesma, nasce o cristal da fortuna para toda a nossa vida.

Casa de dez divisões luxuosamente decoradas

A única descrição satisfatória, que é também uma análise do estilo de mobiliário da segunda metade do século XIX, é-nos fornecida por certo tipo de romance policial em cujo centro dinâmico se encontra o terror provocado pela casa. A disposição dos móveis é ao mesmo tempo a planta topográfica das armadilhas mortais, e a sequência das salas indica à vítima qual é o caminho da fuga. O fato de esse tipo de romance policial ter começado com Poe — portanto, numa época em que tais casas ainda não existiam — em nada invalida essa constatação. Pois os grandes autores fazem sem exceção as suas associações com um mundo que virá depois deles, como se pode ver pelos exemplos das ruas de Paris nos poemas de Baudelaire, que só existiram depois de 1900, tal como as figuras de Dostoievski só nessa altura nascem. O interior burguês dos anos 1860 a 1890, com os seus enormes aparadores regurgitando de talha, os cantos sem sol onde se punha a palmeira, a varanda atrás da barricada da balaustrada e os longos corredores com a chama do gás a cantar, está preparado para receber apenas cadáveres. "A tia, neste sofá, só podia ser assassinada." Só perante o cadáver a exuberância sem alma do mobiliário se transforma em verdadeiro conforto. Muito mais interessante que o Oriente das paisagens nos romances policiais é aquele luxuriante Oriente dos seus interiores: o tapete persa e a otomana, o candeeiro de teto e a nobre adaga caucasiana. Atrás do drapeado das pesadas tapeçarias turcas, o dono da casa celebra orgias com os seus títulos da Bolsa, pode sentir-se um mercador oriental, um paxá indolente no canado da charlatanice, até que aquela adaga com suporte de prata sobre o divã uma bela tarde ponha fim à sua sesta e a ele próprio. Este caráter da casa burguesa, que estremece ao pensar no assassino anônimo como uma velha lúbrica pelo seu galã, foi captado por alguns escritores que se viram privados do justo reconhecimento por serem considerados "autores de policiais" – talvez também porque nas suas obras se manifesta alguma coisa do pandemônio burguês. Conan Doyle conseguiu em alguns dos seus romances dar expressão àquilo que aqui se pretende destacar, a escritora A. K. Green tem neste domínio uma grande produção, e com *O Fantasma da Ópera*, um dos grandes romances sobre o século XIX, Gaston Leroux levou este gênero à apoteose.

Mercadoria chinesa

Nos tempos que correm ninguém pode agarrar-se àquilo que "sabe fazer". O trunfo é a improvisação. Todos os golpes decisivos serão desferidos com a mão esquerda.

Há um portão, no início de um longo caminho que, monte abaixo, leva à casa de…, que eu visitava todas as noites. Quando ela se mudou, o portão aberto passou a estar diante de mim como a concha de uma orelha que perdeu o ouvido.

Ninguém consegue convencer uma criança já em roupa de dormir a ir cumprimentar as visitas que chegam. Os presentes, assumindo o ponto de vista superior dos bons costumes, insistem com ela, para vencer o seu acanhamento, mas em vão. Poucos minutos depois ela aparece diante das visitas, mas completamente nua. Entretanto, tinha-se lavado.

A força com que uma estrada no campo se nos impõe é muito diferente, consoante ela seja percorrida a pé ou sobrevoada de aeroplano. Do mesmo modo, também a força de um texto é diferente, conforme é lido ou copiado. Quem voa, vê apenas como a estrada atravessa a paisagem; para ele, ela desenrola-se segundo as mesmas leis que regem toda a topografia envolvente. Só quem percorre a estrada a pé sente o seu poder e o modo como ela, a cada curva, faz saltar do terreno plano (que para o aviador é apenas a extensão da planície) objetos distantes, mirantes, clareiras, perspectivas, como a voz do comandante que faz avançar soldados na frente de batalha. Do mesmo modo, só quando copiado o texto comanda a alma de quem dele se ocupa, enquanto o mero leitor nunca chega a conhecer as novas vistas do seu interior, que o texto – essa estrada que atravessa a floresta virgem, cada vez mais densa, da interioridade – vai abrindo: porque o leitor segue docilmente o movimento do seu eu nos livres espaços aéreos da fantasia, ao passo que o copista se deixa comandar por ele. A arte chinesa de copiar livros era garantia, incomparável, de uma cultura literária, e a cópia, uma chave dos enigmas da China.

Luvas

A sensação dominante em quem tem asco dos animais é a do medo de ser reconhecido por eles quando se lhes toca. Aquilo que, no mais fundo de nós, nos horroriza, é a consciência obscura de que em nós alguma coisa vive, tão pouco estranha ao animal que nos causa asco que ele a possa reconhecer. Todo o nojo é originalmente o nojo do contato. Até mesmo o sangue-frio só consegue desembaraçar-se dessa sensação com gestos bruscos e exagerados: ela o envolverá violentamente, o devorará, e a zona do mais delicado contato epidérmico continuará a ser tabu. Só assim se pode satisfazer o paradoxo da exigência moral que reclama de cada um, ao mesmo tempo, capacidade de superação e a sutil formação do sentimento de asco. Ninguém pode negar o parentesco animal com a criatura, a cujo apelo responde com o seu asco: tem de tornar-se senhor dela.

Embaixada mexicana

Je ne passe jamais devant un fétiche de bois,
un Bouddha doré, une idole mexicaine sans me dire:
C'est peut-être le vrai dieu.[2]
Charles Baudelaire

Sonhei uma vez que fazia parte de uma expedição científica ao México. Depois de termos atravessado uma floresta virgem de altas árvores, fomos dar a um sistema de grutas à superfície da montanha, onde, desde os tempos dos primeiros missionários, continuava a viver uma ordem religiosa cujos irmãos prosseguiam a sua obra de evangelização dos nativos. Numa das grutas centrais, imensa e fechada numa alta abóbada gótica, celebrava-se missa segundo o rito mais antigo. Entramos e ainda assistimos à parte mais importante: um sacerdote ergueu um fetiche mexicano diante de um busto de Deus-Pai em madeira, que se via a grande altura, numa cavidade da parede. E a cabeça de Deus moveu-se três vezes da direita para a esquerda, em sinal de negação.

Solicita-se ao público que proteja as áreas plantadas

Que coisas são "resolvidas"? Não ficam para trás todas as questões da vida vivida, como uma ramada que nos tapou a vista? Quase nunca pensamos em cortá-la, nem mesmo em desbastá-la. Continuamos o nosso caminho, deixamo-la para trás e conseguimos de fato vê-la a distância, mas de forma indistinta, como uma sombra e, assim, envolvida em enigma.

O comentário e a tradução relacionam-se com o texto como o estilo e a mimese com a natureza: o mesmo fenômeno sob pontos de vista diferentes. Na árvore do texto sagrado, ambos são apenas as folhas eternamente rumorejantes, na árvore do profano, os frutos que caem no tempo que é o seu.

Quem ama, sente-se atraído, não apenas pelos "defeitos" da amada, não só pelos tiques e pelas fraquezas de uma mulher; as rugas no rosto,

---

[2] "Nunca passo diante de um fetiche de madeira, de um Buda dourado, de um ídolo mexicano, sem dizer a mim mesmo: Talvez seja o verdadeiro deus."

as manchas hepáticas, os vestidos usados e um andar torto prendem-no a ela de forma muito mais duradoura e inexorável do que toda a beleza. Há muito tempo que se sabe isso. E por quê? Se é verdadeira a teoria que diz que a sensação não se aloja na cabeça, que sentimos uma janela, uma nuvem, uma árvore, não no cérebro, mas antes no lugar onde as vemos, então também ao olhar para a amada estamos fora de nós. Com a diferença de que, neste caso, estamos dolorosamente tensos e arrebatados. A sensação esvoaça como um bando de pássaros, ofuscada pelo esplendor da mulher. E, do mesmo modo que os pássaros procuram abrigo nos esconderijos da folhagem da árvore, assim também as sensações se refugiam na sombra das rugas, nos gestos sem graça em insignificantes máculas do corpo amado, a cujos esconderijos se acolhem em segurança. E ninguém que passe se apercebe de que é aqui, nos defeitos e nas falhas, que se aninha a emoção amorosa fulminante do adorador.

Estaleiro

É estultícia pôr-se a meditar profundamente, pedantemente, sobre o fabrico de objetos – material didático, brinquedos ou livros – destinados às crianças. Desde o Iluminismo que essa é uma das mais rançosas especulações dos pedagogos. A psicologia, que os cega, impede-os de ver como a terra está cheia dos mais incomparáveis objetos de atenção e de exercício infantis. E dos mais adequados. As crianças gostam muito particularmente de procurar aqueles lugares de trabalho onde visivelmente se manipulam coisas. Sentem-se irresistivelmente atraídas pelos desperdícios que ficam do trabalho da construção, da jardinagem ou das tarefas domésticas, da costura ou da marcenaria. Nesses desperdícios reconhecem o rosto que o mundo das coisas volta para elas, precisamente e apenas para elas. Com eles, não imitam as obras dos adultos, antes criam novas e súbitas relações entre materiais de tipos muito diversos, por meio daquilo que, brincando, com eles constroem. Com isso, as crianças criam elas mesmas o seu mundo de coisas, um pequeno mundo dentro do grande. Não se devem perder de vista as regras desse pequeno mundo das coisas quando se pretende criar especificamente para crianças sem deixarmos que a nossa atividade, com tudo aquilo que são os seus requisitos e instrumentos próprios, encontre o caminho que leva a elas, e só esse.

Ministério do Interior

Quanto maior for a hostilidade de alguém em relação à tradição, tanto mais implacável será a necessidade que tem de submeter a sua vida privada às normas que deseja elevar à condição de legisladoras de uma situação social futura. É como se estas lhe impusessem o dever de as antecipar pelo menos no seu círculo de vida próprio – a elas, que ainda se não concretizaram em lugar nenhum. Já o homem que se sabe em consonância com as mais antigas tradições da sua classe ou do seu povo, coloca de vez em quando a sua vida privada ostensivamente em oposição às máximas que intransigentemente defende na vida pública e enaltece no seu íntimo, sem quaisquer problemas de consciência, o seu próprio comportamento como a mais convincente prova da inabalável autoridade dos princípios que professa. Nisso se distinguem duas categorias de políticos: o anarcossocialista e o conservador.

Bandeira...

Como é fácil amar aqueles que se despedem! É que a chama que arde pelos que se afastam é mais pura, alimentada pelo fugidio lenço que nos acena do navio ou da janela do trem. A distância penetra como uma tinta naquele que desaparece e repassa-o de um fogo suave.

...a meia haste

Quando a morte nos leva uma pessoa muito próxima, os acontecimentos dos meses que se seguem são marcados por alguma coisa que, julgamos nós, só pôde desenrolar-se assim porque ela já não está aqui – isto, por muito que desejássemos tê-la partilhado com ela.

"Panorama imperial"[3]

Viagem pela inflação alemã

I. No glossário de expressões que diariamente põem em evidência o modo de ser do burguês alemão, feito de um cruzamento de

---

[3] No original *Kaiserpanorama*: método de projeção de imagens, antecessor do cinema, constituído por um grande ciclorama circular em que eram projetadas imagens de paisagens. O espectador, sentado no centro do círculo, tinha a ilusão de ver de cima, através de um sistema de estereoscópios individuais, o que passava diante dos seus olhos.

estupidez e covardia, aquela que fala da catástrofe iminente – ao dizer que "as coisas não podem continuar assim" – dá particularmente que pensar. A desesperada fixação nas ideias da segurança e da posse, que dominaram as décadas passadas, impedem o homem comum de se aperceber das extraordinárias formas de estabilidade, absolutamente novas, que estão na base da atual situação. Como a relativa estabilidade dos anos antes da guerra lhe foi favorável, ele acha que tem de considerar instável toda a situação que lhe retire posses. Mas nunca as situações estáveis tiveram de ser também situações agradáveis, e já antes da guerra havia camadas sociais para as quais a situação estável significava a miséria estável. A decadência em nada é menos estável, em nada mais singular que o progresso ascensional. Somente um cálculo que admita encontrar no declínio a única *ratio* da situação atual passaria do entorpecedor espanto por aquilo que diariamente se repete à constatação de que as manifestações da decadência são o que há de mais estável e a única coisa que salva, algo de extraordinário, a raiar o portentoso e insondável. As populações da Europa Central vivem como habitantes de uma cidade cercada onde começam a escassear os alimentos e a pólvora, e para a qual dificilmente se esperará salvação, pelo menos em termos do que é humanamente previsível. Um caso em que a rendição, talvez incondicional, é uma hipótese a considerar seriamente. Mas o poder mudo e invisível com o qual a Europa Central se sente confrontada não negoceia. Não nos resta, portanto, mais do que, na expectativa permanente do ataque final, pôr os olhos no milagre extraordinário, a única coisa que ainda nos pode salvar. Essa situação, que exige de nós a mais tensa e conformada atenção, poderia, porém, produzir realmente o milagre, uma vez que estamos em contato secreto com as forças sitiantes. Pelo contrário, a expectativa de que as coisas não possam continuar assim terá um dia de convencer-se de que o sofrimento dos indivíduos e das comunidades só tem um limite para além do qual nada poderá continuar: o aniquilamento.

II. Um estranho paradoxo: as pessoas, quando agem, pensam apenas no interesse pessoal mais mesquinho, mas ao mesmo tempo são, mais do que nunca, determinadas no seu comportamento pelo instinto das massas. E nunca como hoje os instintos das massas se enganaram tanto nem foram tão estranhos à vida. Nas situações em que o obscuro instinto dos animais – como tantas histórias contam – é capaz de encontrar saída para o perigo iminente mas ainda invisível, esta sociedade, na qual cada um tem apenas em vista a sua própria e mísera abastança, sucumbe, com uma insensibilidade animal, mas sem aquele saber inconsciente dos animais, como uma massa cega, ao primeiro perigo com que se confronta, e a diversidade dos objetivos individuais torna-se irrelevante perante a identidade das forças determinantes. Por mais de uma vez foi demonstrado que a sua dependência de uma vida a que se habituou, mas que se perdeu há muito tempo, está tão empedernida que põe a perder a aplicação, tão tipicamente humana, do intelecto sob a forma da previdência, mesmo em situações drasticamente perigosas. E assim a imagem da estupidez se consuma em tais situações: insegurança, mesmo perversão dos instintos vitais e impotência, total abdicação do intelecto. É essa a disposição de espírito da generalidade dos burgueses alemães.

III. Todas as relações humanas mais próximas são afetadas por uma limpidez penetrante, quase insuportável, à qual dificilmente conseguem resistir. De fato, como o dinheiro constitui, por um lado, o centro absorvente de todos os interesses da existência, e, por outro lado, esta é precisamente a barreira perante a qual quase todas as relações humanas fracassam, cada vez desaparecem mais, no plano natural como no moral, a confiança espontânea, a tranquilidade e a saúde.

IV. Não é por acaso que se fala da miséria "nua e crua". O que há de mais funesto na exibição dessa miséria – que, sob o signo da necessidade, se tornou habitual, embora mostre apenas a milésima parte do que está escondido – não é a compaixão, nem a consciência, igualmente terrível, da imunidade própria, sentida por quem vê, mas a vergonha disso. Tornou-se impossível viver numa grande cidade alemã, onde a fome força os mais miseráveis a viver das notas de banco com que os transeuntes procuram tapar uma nudez que os fere.

V. "A pobreza não envergonha ninguém." E, no entanto, eles envergonham os pobres. Fazem isso, e ao mesmo tempo consolam-nos com a frase bonitinha. Que vem daqueles que em tempos teriam alguma aceitação, mas para quem há muito chegou a hora do declínio. É exatamente o que se passa com aquela outra frase brutal "Quem não trabalha não come". Nos tempos em que o trabalho era o sustento de cada um também havia pobreza, que não envergonhava, se vinha das más colheitas ou de qualquer outra fatalidade. O que envergonha é essa penúria em que milhões já nascem e centenas de milhares são apanhados, caindo na pobreza. O esterco e a miséria crescem à sua volta como muros levantados por mãos invisíveis. E do mesmo modo que cada um, sozinho, é capaz de suportar muita coisa, mas sente uma compreensível vergonha quando a mulher o vê suportar tudo isso e o aceita, assim também cada indivíduo isolado pode aceitar muita coisa, desde que esteja sozinho, e tudo, desde que o esconda. Mas nunca ninguém poderá fazer as pazes com a pobreza quando esta se abate como sombra gigantesca sobre o seu povo e a sua casa. Nessa altura, o que tem a fazer é manter os sentidos despertos para toda a humilhação que sobre eles recaia, e controlá-los até que o seu sofrimento deixe de escorregar pelo plano inclinado da amargura, para enveredar pelo trilho ascendente da revolta. Mas toda esperança será vã enquanto todos esses destinos terríveis e sombrios forem apresentados pela imprensa diariamente, de hora a hora, sempre com causas e consequências fictícias, não ajudando ninguém a reconhecer as forças obscuras a que a sua vida passou a estar submetida.

VI. Para o estrangeiro que acompanhe por alto o modo como se desenrola a vida na Alemanha, ou que tenha viajado pelo país durante algum tempo, os seus habitantes não lhe parecerão menos estranhos que os de qualquer raça exótica. Um francês espirituoso disse um dia: "Raramente um alemão terá de si uma ideia clara. E se alguma vez a tiver, não o diz. E se o disser não conseguirá fazer-se entender". Essa desoladora distância aumentou muito com as atrocidades, reais e lendárias, atribuídas aos alemães na última guerra. Mas aquilo que mais contribuiu para o grotesco isolamento da Alemanha aos olhos dos outros europeus, o que os levou a ter a ideia de que os alemães são uma espécie de hotentotes (como alguém, muito acertadamente, disse), é aquela violência, totalmente incompreensível para quem está de fora, totalmente inconsciente para quem dela é presa, com que as condições de vida, a miséria e a estupidez submetem, neste nosso cenário, as pessoas às forças sociais, de uma maneira só comparável à vida de um homem primitivo, totalmente determinada pelas leis do clã. Os alemães perderam definitivamente o mais europeu de todos os bens, aquela ironia mais ou menos evidente com que a vida de cada indivíduo se reclama de uma diferença em relação à existência da comunidade em que está inserido.

VII. Vai-se perdendo a liberdade do diálogo. Antigamente era natural, entre pessoas que dialogavam, ir ao encontro do ponto de vista do outro; hoje, pergunta-se logo pelo preço dos sapatos ou do guarda-chuva. Qualquer conversa cai fatalmente no tema das condições de vida e do dinheiro. Mas não se trata das preocupações e dos sofrimentos de cada um, coisa em que talvez se pudessem ajudar uns aos outros – é a observação do todo que ocupa a conversa. É como se estivéssemos presos num teatro e fôssemos obrigados a seguir a peça que se desenrola no palco, quer quiséssemos, quer não, e tivéssemos de fazer dela, quer quiséssemos, quer não, o objeto do nosso pensamento e do nosso discurso.

VIII. Quem não fugir à percepção da decadência passará sem demora à justificação particular das razões pelas quais permanece e age neste caos e dele participa. A cada ponto de vista sobre o fracasso geral corresponde uma exceção para a sua própria esfera de ação, a sua morada e as suas circunstâncias particulares. Impõe-se quase por toda a parte a vontade cega de salvar a todo o custo o prestígio da existência pessoal, em vez de libertá-la da cegueira geral, desprezando soberanamente a sua impotência e o seu enredamento. É por isso que o ar anda tão cheio de teorias da vida e visões do mundo, e é por isso que neste país elas parecem tão excessivas, porque, vistas as coisas, servem sempre para sancionar qualquer situação privada insignificante. E é por isso também que esse ar está tão cheio de ilusões e miragens de um futuro cultural que, apesar de tudo, irrompe e floresce do dia para a noite, porque cada um segue apenas as ilusões de ótica do seu ponto de vista isolado.

IX. Os indivíduos encurralados nos limites deste país perderam a noção dos contornos da pessoa humana. Qualquer homem livre é para eles uma aparição extravagante. Imaginem-se as cadeias de montanhas dos Alpes, não contra o fundo do céu, mas recortadas nas pregas de um pano escuro. Essas formas imponentes se destacariam de forma muito vaga. Uma cortina pesada como essa desceu sobre o céu da Alemanha, e impede-nos de distinguir o perfil até dos maiores homens.

X. O calor vai abandonando as coisas. Os objetos de uso quotidiano repelem as pessoas, de forma lenta mas insistente. Isso quer dizer que elas têm de despender dia a dia um enorme esforço para superarem as resistências secretas – e não apenas as evidentes – que esses objetos lhes oferecem. Os indivíduos têm de compensar a sua frieza com o seu próprio calor para não congelarem ao seu contato, e têm de agarrar com extremo cuidado os seus espinhos para não se esvaírem em sangue. Não esperam qualquer ajuda do próximo. Cobradores, funcionários, operários e vendedores – todos eles se sentem representantes de uma matéria recalcitrante cuja periculosidade se esforçam por revelar através da sua própria rudeza. E a própria terra se entregou à degeneração das coisas, pela qual, seguindo o exemplo da decadência humana, a castigam. Também ela, como as coisas, consome as pessoas, e a primavera alemã eternamente adiada é apenas uma das muitas manifestações da natureza alemã em decomposição. Nela vive-se como se a pressão da coluna de ar cujo peso cada um suporta subitamente se tornasse sensível, contra todas as leis dessas latitudes.

XI. O desenvolvimento de todo movimento humano, quer ele derive de impulsos espirituais, quer naturais, pode contar com a resistência desmesurada do meio circundante. A crise da habitação e o controle do tráfego entraram em ação para destruir completamente o símbolo elementar da liberdade europeia, que, sob certas formas, já existia na Idade Média: a liberdade de circulação. E se a coação própria da Idade Média prendia as pessoas a determinados complexos naturais, hoje elas estão acorrentadas a uma existência comunitária não natural. Poucas coisas reforçarão mais a força fatal do impulso para o nomadismo que alastra do que as restrições à liberdade de circulação; nunca foi tão grande a discrepância entre a liberdade de movimentos e a abundância de meios de transporte.

XII. Passa-se com a cidade o mesmo que com todas as coisas que vão perdendo a expressão da sua essência ao entrarem num processo incessante de promiscuidade e hibridação, que substitui o que é próprio pela ambiguidade. As grandes cidades, cujo incomparável poder de tranquilizar e incutir confiança encerra os criadores num oásis de paz e lhes vai roubando, juntamente com a vista do horizonte, a consciência das forças elementares sempre despertas, por toda a parte estão a ser invadidas pelo campo. Não pela paisagem, mas por aquilo que a natureza livre tem de mais amargo, a terra de cultivo, os caminhos, o céu noturno que nenhuma camada de vermelho vibrante já esconde. A insegurança, mesmo nas zonas animadas, precipita os citadinos naquela situação opaca e altamente assustadora na qual ele se vê obrigado a absorver, no meio das intempéries da planície deserta, os abortos da arquitetura urbana.

XIII. As coisas manufaturadas perderam uma certa e nobre indiferença perante as esferas da riqueza e da pobreza. Cada uma delas marca quem as possui, e ele mais não pode fazer do que mostrar-se na sua condição, ou de pobre diabo consumidor ou de traficante. Porque, enquanto até o luxo autêntico tem uma natureza permeável à inteligência e à sociabilidade, capazes de fazê-lo esquecer, as mercadorias de luxo que hoje se exibem ostentam uma brutalidade tão despudorada que toda a emanação espiritual delas se ausenta.

XIV. Dos mais antigos usos dos povos parece chegar até nós a advertência que nos diz que devemos abster-nos do gesto da cobiça ao acolhermos aquilo que tão generosamente recebemos da natureza. Porque nada podemos oferecer de nosso à terra-mãe. Por isso, é preciso mostrar respeito ao receber, devolvendo-lhe de novo uma parte de tudo o que ela nos vai oferecendo, antes mesmo de nos apossarmos do que é nosso. É esse respeito que encontramos no antigo costume da *libatio*. Talvez seja também essa antiquíssima experiência moral que sobrevive, transformada, na proibição de recolher as espigas esquecidas e apanhar as uvas caídas, na medida em que estas podem servir à terra ou aos antepassados que enviam as suas bênçãos. O costume ateniense proibia que se apanhassem as migalhas à refeição, porque estas pertencem aos heróis. Se a sociedade, presa da necessidade e da cobiça, degenera a ponto de já só ser capaz de receber os dons da natureza saqueando-a, se colhe os frutos verdes para poder vendê-los a bom preço no mercado e se tem de esvaziar todas as travessas só para se saciar, a sua terra empobrecerá e o campo terá más colheitas.

Trabalhos no subsolo

Vi em sonhos um terreno deserto. Era a Praça do Mercado de Weimar. Havia escavações em curso. Também eu escavei um pouco a areia. E vi aparecer o pináculo da torre de uma igreja. Não cabendo em mim de alegria, pensei: um santuário mexicano pré-animista, o Anaquivitzli. Acordei rindo. (Ana = ἀνά; vi = *vie*; *witz* = igreja mexicana [!]).

Cabeleireiro para damas sensíveis

Três mil damas e cavalheiros, dos que moram na Kurfürstendamm, deviam ser tirados das suas camas uma bela manhã, sob detenção e sem uma palavra, e mantidos sob prisão durante vinte e quatro horas. À meia-noite distribui-se pelas celas um questionário sobre a pena de morte e pede-se também aos signatários que indiquem qual a forma de execução que escolheriam numa tal situação. Esses documentos se destinariam a ser preenchidos, em clausura e "fazendo o melhor uso possível dos seus conhecimentos" por aqueles que até agora, e sem que ninguém lhes pedisse, costumavam manifestar-se "fazendo o melhor uso possível da sua consciência". Muito antes da madrugada, que a tradição considera sagrada, mas entre nós é consagrada ao carrasco, a questão da pena de morte estaria esclarecida.

Atenção aos degraus!

O trabalho numa prosa de boa qualidade tem três níveis: um musical, o da sua composição, um arquitetônico, o da sua construção, e por fim um têxtil, o da sua tecelagem.

Revisor tipográfico ajuramentado

O nosso tempo, a antítese perfeita do Renascimento, opõe-se particularmente à situação que viu nascer a invenção da imprensa. Por acaso, ou talvez não, o seu aparecimento na Alemanha dá-se na época em que o livro, no mais nobre sentido do termo, o Livro dos Livros, se tornou patrimônio popular através da tradução da Bíblia por Lutero. Ora, tudo parece indicar que o livro, nesta sua forma tradicional, tem os dias contados. Mallarmé, que descortinou no meio da cristalina construção da sua escrita, sem dúvida tradicionalista, a imagem autêntica do que estava para vir, integrou pela primeira vez, no *Coup de dés*, as tensões gráficas do reclame na escrita. As experiências com a escrita feitas depois dele pelos Dadaístas não partiam, é certo, do impulso construtivista, mas das reações nervosas e precisas dos literatos, e por isso foram muito menos consistentes do que as experiências de Mallarmé, que nasceram do âmago do seu próprio estilo. Mas permitem, por isso mesmo, reconhecer a atualidade de tudo aquilo que Mallarmé, como uma mônada, no seu mais hermético gabinete, vinha descobrindo, numa harmonia pré-estabelecida com tudo o que de decisivo acontece nos nossos dias na economia, na técnica, na vida pública. A escrita, que encontrara refúgio no livro impresso, onde levava uma existência autônoma, é implacavelmente arrastada para a rua pelos reclames e submetida às brutais heteronomias do caos econômico. É essa a severa escola da sua nova forma. Quando, há séculos, ela começou a deitar-se, transformando-se de inscrição na vertical em caligrafia que repousava na inclinação da estante, para finalmente encontrar no livro impresso a sua cama, hoje recomeça, igualmente de forma lenta, a levantar-se do chão. Já o jornal se lê mais na vertical do que na horizontal, e o cinema e o reclame forçam definitivamente a escrita a assumir uma verticalidade ditatorial. E antes de os nossos contemporâneos poderem abrir um livro já um denso turbilhão de letras em movimento, coloridas, concorrentes, lhes caiu diante dos olhos, tornando muito remotas as possibilidades de eles se concentrarem no silêncio arcaico do livro. As nuvens de gafanhotos da escrita, que hoje já encobrem o sol do pretenso espírito aos habitantes das metrópoles, tornar-se-ão mais densas a cada ano que passa. As renovadas exigências da vida dos negócios vão mais longe. O catálogo de fichas significa a conquista da escrita tridimensional, um contraponto surpreendente para a tridimensionalidade da escrita nas suas origens, como runa ou escrita de nós. (E já hoje, como ensinam os modos de produção científica atuais, o livro é uma mediação antiquada entre dois sistemas de fichagem, porque tudo o que é essencial se encontra no ficheiro do investigador que o organizou, e o erudito que por ele estuda assimila-o ao seu próprio ficheiro.) Mas não há dúvida de que a evolução da escrita não ficará previsivelmente ligada aos ditames de uma atividade caótica no âmbito da ciência e da economia; virá antes o momento em que a quantidade dará lugar à qualidade, e a escrita, que penetra cada vez mais fundo no âmbito gráfico da sua nova e excêntrica capacidade de se dar como imagem, se apoderará subitamente dos seus conteúdos adequados. Essa escrita da imagem só poderá ser manipulada por poetas que, como nas origens, serão sobretudo especialistas da escrita que terão de saber explorar os domínios nos quais (sem se considerarem demasiado importantes) tem lugar a construção dessas formas de escrita: os dos diagramas estatísticos e técnicos. Com a criação de uma escrita internacional conversível, eles renovarão a sua autoridade sobre a vida dos povos e descobrirão uma função em confronto com a qual todas as aspirações de renovação da retórica se revelarão ser devaneios antiquados.

Material didático

Princípios dos calhamaços, ou a arte de fazer livros grossos

I. O desenvolvimento da obra deve ser permanentemente entrecortado pela apresentação prolixa do respectivo plano.

II. Devem introduzir-se termos técnicos para conceitos que, excluindo essa única definição, não serão novamente usados no livro.

III. As diferenciações conceituais penosamente conseguidas no texto deverão ser apagadas nas notas às passagens correspondentes.

IV. Devem dar-se exemplos para aqueles conceitos que são tratados apenas no seu significado geral. Por exemplo, quando se falar de máquinas devem enumerar-se todos os seus tipos.

V. Tudo o que esteja previamente esclarecido acerca de um assunto deve ser corroborado pelo maior número possível de exemplos.

VI. Os complexos de problemas suscetíveis de representação gráfica deverão ser descritos por palavras. Por exemplo, em vez de desenhar uma árvore genealógica, devem expor-se e descrever-se todas as relações de parentesco.

VII. Os vários opositores que partilham dos mesmos argumentos devem ser refutados um a um.

A obra típica do erudito atual pede para ser lida como um catálogo. Mas quando chegaremos a escrever livros como catálogos? Quando a má qualidade do conteúdo contaminar assim a forma exterior, nascerá uma obra excelente, na qual se atribui um determinado valor a cada opinião, sem que, no entanto, essas opiniões sejam postas à venda.

A máquina de escrever só tornará estranha a caneta de tinta permanente na mão daqueles que escrevem quando a exatidão das soluções tipográficas for diretamente assimilada pela concepção dos seus livros. É provável que então sejam necessários novos sistemas capazes de produzir caracteres mais variáveis. Tais sistemas irão substituir a escrita manual pela ativação nervosa dos dedos que comandam teclas.

Um período que, concebido em forma métrica, veja posteriormente o seu ritmo ser afetado num único lugar constitui a mais bela frase de prosa que se possa imaginar. Desse modo, um raio de luz penetra por uma pequena brecha na parede no laboratório do alquimista, fazendo resplandecer cristais, esferas e triângulos.

Alemães, bebam cerveja alemã!

O povo está obcecado por um ódio frenético contra a vida intelectual, um ódio que descobriu na contagem dos corpos a garantia da destruição dessa vida. Onde quer que o permitam, eles alinham-se em fila e caminham a passo de marcha ao encontro do fogo cerrado e da alta dos preços. O seu horizonte é o das costas do que vai à sua frente, e todos se sentem muito orgulhosos por constituírem um exemplo para o que vem atrás. Há séculos que os homens descobriram isso no campo de batalha; mas a grande parada da miséria, as filas de espera diante das lojas, essa foram as mulheres que a inventaram.

É proibido afixar cartazes!

A técnica do escritor em treze teses

I. Quem quiser lançar-se a escrever uma obra de fôlego, instale-se comodamente e conceda a si próprio ao fim de cada dia de trabalho tudo aquilo que não prejudique a sua continuação.

II. Fale do que escreveu, se quiser, mas não leia nada a ninguém enquanto o trabalho estiver em curso. Toda a satisfação que daí possa retirar retardará o seu ritmo. Seguindo esse regime, o desejo crescente de comunicação acabará por ser um estímulo à conclusão.

III. Quanto às condições de trabalho, procure fugir à mediocridade da vida quotidiana. O meio sossego, acompanhado de ruídos pouco estimulantes, é degradante. Já o ruído de fundo de um estudo musical ou da confusão de vozes pode ser tão importante para o trabalho quanto o silêncio tangível da noite. Se este afina o ouvido interior, aqueles se tornam pedra de toque de uma dicção cuja riqueza consegue absorver em si até esses ruídos excêntricos.

IV. Evite servir-se do primeiro instrumento de trabalho que tenha à mão. É útil o apego pedante a determinados tipos de papel, canetas, tintas. Sem luxos, mas com a indispensável abundância desses utensílios.

V. Não deixe que nenhum pensamento passe por você incógnito, e use o seu bloco de notas com o mesmo rigor com que os serviços oficiais fazem o registro dos estrangeiros.

VI. Torne a sua caneta avessa à inspiração, e ela a atrairá a si com a força de um ímã. Quanto mais refletir antes de passar a escrito uma intuição, tanto mais amadurecida ela se te oferecerá. A fala conquista o pensamento, mas a escrita domina-o.

VII. Nunca deixe de escrever pelo fato de não o ocorrer mais nada. Um dos mandamentos da honra literária é o de interromper a escrita apenas quando há que respeitar uma hora marcada (uma refeição, um encontro) ou quando damos o trabalho por terminado.

VIII. Preencha os momentos de falta de inspiração passando a limpo o que já escreveu. Entretanto, a inspiração despertará.

IX. *Nulla dies sine linea* – mas semanas sim.

X. Nunca dê uma obra por acabada sem ter mergulhado nela uma vez mais, desde o serão até ao nascer do dia.

XI. Não escreva a conclusão do trabalho no lugar onde habitualmente trabalha. Aí, perderia a coragem de fazê-lo.

XII. Graus da elaboração da obra: pensamento – estilo – escrita. A finalidade do passar a limpo é a de que agora toda a atenção se concentre na caligrafia. O pensamento mata a inspiração, o estilo aprisiona o pensamento, a escrita recompensa o estilo.

XIII. A obra é a máscara mortuária da sua concepção.

Treze teses contra os snobes

(O snobe no escritório particular da crítica de arte. À esquerda um desenho de criança, à direita um fetiche. O snobe: "Perante isto, todo Picasso pode fazer as malas!")

I. O artista faz uma obra.

II. A obra de arte só acessoriamente é um documento.

III. A obra de arte é uma obra-prima.

IV. Os artistas aprendem o seu ofício com a obra de arte.

V. As obras de arte distanciam-se umas das outras pela sua perfeição relativa.

VI. Conteúdo e forma são uma só coisa na obra de arte: substância.

VII. A substância é aquilo que foi comprovado.

VIII. Na obra de arte, a matéria é um lastro de que a contemplação se liberta.

IX. Na obra de arte a lei da forma é decisiva.

X. A obra de arte é sintética: central de energia.

XI. A obra de arte potencializa-se na observação repetida.

XII. A virilidade das obras reside no ataque.

XIII. O artista parte à conquista de novas substâncias.

O primitivo exprime-se por documentos.

Nenhum documento é, enquanto tal, uma obra de arte.

O documento tem função didática.

O público é educado perante os documentos.

Todos os documentos comunicam pelo lado dos conteúdos.

Nos documentos domina em absoluto o material.

A matéria é aquilo que foi sonhado.

Quanto mais nos perdemos num documento, tanto mais denso ele se torna: matéria.

No documento as formas só entram dispersamente.

A fecundidade do documento pede: análise.

Um documento só domina pela surpresa.

A inocência serve de capa ao documento.

O homem primitivo entrincheira-se atrás dos materiais.

A técnica do crítico em treze teses

I. O crítico é um estrategista no combate literário.

II. Quem não souber tomar partido, que fique calado.

III. O crítico não tem nada a ver com o exegeta de épocas artísticas passadas.

IV. A crítica deve falar na linguagem dos artistas de variedades, porque os conceitos do *cénacle*[4] são palavras de ordem. E é apenas nas palavras de ordem que ressoa o grito de guerra.

V. Será sempre preciso sacrificar a "objetividade" ao espírito partidário, se a causa pela qual se trava o combate merecê-lo.

VI. A crítica é uma questão de moral. Se Goethe ignorou Hölderlin e Kleist, Beethoven e Jean Paul, isso tem menos a ver com o seu sentido artístico do que com a sua moral.

VII. Para o crítico, a instância superior são os seus colegas, e não o público. E muito menos a posteridade.

VIII. A posteridade ou esquece ou enaltece. Só o crítico julga tendo o autor à sua frente.

IX. Polêmica é destruir um livro com base em poucas das suas frases. Quanto menos foi estudado, melhor. Só quem é capaz de destruir é capaz de criticar.

X. A autêntica polêmica ocupa-se de um livro de forma tão dedicada quanto um canibal cozinha um bebê.

XI. O crítico não conhece o entusiasmo pela arte. Nas suas mãos, a obra de arte é a arma desembainhada nas batalhas do espírito.

XII. O essencial da arte do crítico: cunhar chavões sem trair as ideias. Os chavões de uma crítica medíocre vendem os pensamentos à moda, e ao desbarato.

XIII. O público nunca pode ter razão, e apesar disso deve sentir sempre que é representado pelo crítico.

Número 13

Treize – j'eus un plaisir cruel de m'arrêter sur ce nombre.

Marcel Proust

---

[4] Em francês no original, "cenáculo".

Le remploiement vierge du livre, encore, prête à
un sacrifice dont saigna la tranche rouge des
anciens tomes; l'introdution d'une arme, ou
coupe-papier, pour établir la prise de possession.

Stéphane Mallarmé

I. Os livros e as prostitutas podem ser levados para a cama.

II. Os livros e as prostitutas entretecem o tempo. Dominam a noite como o dia e o dia como a noite.

III. Olhando os livros e as prostitutas não nos apercebemos de como cada minuto lhes é precioso. Mas quando lidamos com eles mais de perto, começamos por notar como têm pressa. Contam o tempo conosco à medida que nos afundamos neles.

IV. Os livros e as prostitutas sempre tiveram um amor infeliz um pelo outro.

V. Livros e prostitutas: ambos têm aquela espécie de homens que vivem deles e os maltratam. No caso dos livros, os críticos.

VI. Livros e prostitutas em casas públicas – para estudantes.

VII. Livros e prostitutas – raramente aquele que os possuiu assiste ao seu fim. Costumam desaparecer da nossa vista antes de se apagarem.

VIII. Os livros e as prostitutas contam com o mesmo agrado e a mesma hipocrisia a história de como se tornaram o que são. Na verdade, frequentemente nem eles próprios dão por isso. Anda uma pessoa anos a fio correndo atrás de tudo "por amor", e um belo dia vemos no engate de rua, com um *corpus* bem nutrido de carnes, aquilo que, "por razões de estudo", sempre pairou acima dele.

IX. Os livros e as prostitutas gostam de mostrar a lombada, de nos voltar as costas quando se expõem.

X. Livros e prostitutas têm muitas crias.

XI. Livros e prostitutas – "velha beata – jovem puta". Quantos livros, daqueles pelos quais a juventude hoje aprende, não foram difamados!

XII. Os livros e as prostitutas têm as suas zangas diante de toda a gente.

XIII. Livros e prostitutas – as notas de rodapé estão para aqueles como as notas de banco na meia para estas.

Armas e munições

Tinha chegado a Riga para visitar uma amiga. Desconhecia a casa onde morava, a cidade, a língua. Ninguém me esperava, ninguém me conhecia. Andei duas horas sozinho pelas ruas. Nunca mais voltei a vê-las assim. De cada portal saía uma chama, de cada pedra angular saltavam centelhas, e cada bonde surgia como se fosse um carro de bombeiros. Ela podia a cada momento sair pelo portal, dobrar o ângulo da esquina, estar sentada no bonde. Mas eu teria a todo custo de ser o primeiro dos dois a ver o outro. Pois se ela tivesse aproximado de mim a mecha do seu olhar – eu explodiria com certeza como um depósito de munições.

Primeiros socorros

Um bairro extremamente labiríntico, um emaranhado de ruas que durante anos evitei, tornou-se-me subitamente familiar, quando um dia uma pessoa querida se mudou para lá. Foi como se houvesse na sua janela um projetor que decompunha ordenadamente toda a área com feixes de luz.

Arquitetura de interiores

O tratado é uma forma árabe. O seu exterior não tem elementos projetados, é discreto como as fachadas das construções árabes, cuja organização só começa no pátio. Do mesmo modo, a estrutura articulada do tratado não é perceptível a partir de fora, mas abre-se apenas a partir de dentro. Se for constituído por capítulos, eles não são identificados por títulos explícitos, mas apenas por algarismos. A superfície das suas considerações não é plasticamente animada, mas antes recoberta por uma rede de ornamentos que se entrelaçam ininterruptamente. Na densidade ornamental desse tipo de exposição desaparece a diferença entre os desenvolvimentos temáticos e as divagações.

Artigos de papelaria

Planta topográfica. Conheço uma mulher que é distraída. No lugar onde eu tenho presentes os nomes dos meus fornecedores, o local onde estão guardados os documentos, endereços de amigos e conhecidos, a hora de um encontro, é para ela o lugar onde fixou conceitos políticos, palavras de ordem do partido, fórmulas de profissões de fé e ordens. Vive numa cidade de slogans e mora num bairro de vocábulos irmanados pelo espírito da conjuração, onde cada viela toma partido e cada palavra tem por eco um grito de guerra.

Mensagem de felicitações. "Se um canavial ondeia / Para os mundos adoçar, / Que da minha pena saia / Uma mensagem de amor" – isso se segue a "Selige Sehnsucht"[5] como uma pérola que rolou da concha entreaberta.

Agenda de bolso. Poucas coisas são tão caraterísticas do homem nórdico como esta: quando ama, tem antes de mais nada e a todo custo de ficar a sós consigo mesmo, contemplar e sentir primeiro o seu íntimo, antes de ir ter com a mulher para se declarar.

Pisa-papéis. Place de la Concorde: obelisco. Aquilo que há quatro mil anos ali foi gravado está hoje no meio da maior de todas as praças. Se isso lhe tivesse sido profetizado, que triunfo para o faraó! O primeiro império cultural do Ocidente ostentará um dia no seu centro o monumento que recorda o seu domínio. Mas como se apresenta de fato essa glória? Nenhuma dentre as dezenas de milhares de pessoas que aqui passam para para observá-lo; nenhuma das dezenas de milhares que aqui param é capaz de ler a inscrição. Assim toda a glória cumpre a sua promessa, e não há oráculo que se lhe compare em astúcia. Porque o imortal é como este obelisco: regula um trânsito espiritual que brama em seu redor, e a ninguém serve a inscrição que nele está gravada.

Artigos de armarinho

Inigualável linguagem da caveira: inexpressividade absoluta – o negro das órbitas – unida à mais selvagem das expressões – fileira de dentes arreganhados.

Alguém que se julga abandonado lê e sente a dor de constatar que a página que voltou já estava cortada, que nem sequer ela já precisa dele.

---

[5] "Saudade de bem-aventurança": título de um poema de Goethe, incluído no "Livro do Bardo" da coletânea *Divã Ocidental-Oriental* (tradução portuguesa em: J. W. Goethe, *Obras Escolhidas*. Vol. VIII: Poesia, tradução e prefácio de João Barrento. Lisboa, Círculo de Leitores, 1993, p. 152-153). Este poema e o que aqui é transcrito ("Se um canavial ondeia...") são os dois últimos do "Livro do Bardo".

As dádivas devem ter uma ligação tão íntima com aquele que as recebe que o assustem.

Quando um amigo que muito prezo, culto e elegante, me enviou o seu novo livro, surpreendi-me a ajeitar a gravata no momento em que me preparava para abri-lo.

Aquele que observa as formas de convivência social mas rejeita a mentira é como alguém que se veste de acordo com a moda mas não usa camisa.

Se o fumo do cigarro na boquilha e a tinta na caneta saíssem com a mesma facilidade, eu estaria na minha Arcádia de escritor.

Ser feliz é poder tomar consciência de si sem levar um susto.

Ampliações

Criança lendo. Recebe-se um livro da biblioteca da escola. Faz-se a distribuição nas classes inferiores. Só de vez em quando alguém arrisca exprimir um desejo. Muitas vezes vemos como o livro desejado foi parar em outra mão. Finalmente recebemos o nosso. Durante uma semana ficamos completamente entregues aos efeitos do texto que nos envolveu como flocos de neve, suave e secreto, denso e constante. Entramos nele com uma confiança sem limites. O silêncio do livro convidando-nos a avançar, a avançar! O conteúdo nem era assim tão importante, porque a leitura se fazia ainda naquele tempo em que inventávamos histórias na cama. A criança segue-lhes as pistas meio dissimuladas. Ao ler, tapa as orelhas; o livro está em cima de uma mesa demasiado alta, e uma das mãos está sempre pousada sobre a folha. Para ela, as aventuras do herói ainda têm de ser lidas no redemoinho das letras, como as figuras e as mensagens na sarabanda dos flocos. A sua respiração para no ar dos acontecimentos e sente na face o sopro de todas as figuras. Ela se mistura muito mais de perto com as personagens do que o adulto. Sente-se indescritivelmente tocada pelos acontecimentos e pelos diálogos, e quando se levanta está inteiramente coberta da neve que caiu da leitura.

Criança atrasada. O relógio no pátio da escola parece danificado por culpa sua. Marca a hora "atrasado". E ao corredor chega, vindo das salas de aula por onde passa, o murmúrio de misteriosas conversações. Do lado de lá das portas, professores e alunos são amigos.

Ou então fica tudo em silêncio, como se esperassem alguém. Imperceptivelmente, leva a mão à maçaneta da porta. O sol banha de luz o ponto onde se encontra. E a criança profana o dia ainda a nascer e abre. Ouve a voz do professor matraquear como uma roda de moinho; está diante do mecanismo de moagem. A voz continua no mesmo ritmo, mas os servos libertam-se de toda a carga e lançam-na sobre o recém-chegado; dez, vinte pesadas sacas caem sobre ele, que tem de carregá-las até a carteira. Todos os fios do seu casaco ficaram polvilhados de branco. Como uma alma penada à meia-noite, faz barulho a cada passo, mas ninguém a vê. Quando, finalmente, chega ao seu lugar, aguenta em silêncio o resto do tempo, até o toque da campainha. Mas não há nisso nada de reconfortante.

Criança gulosa. A sua mão entra pela fresta entreaberta do armário da cozinha como um amante pela noite. E quando se acostuma à escuridão tateia em busca de açúcar ou amêndoas, de uvas-passas ou doce. E, tal como o amante, que abraça a amada antes de beijá-la, o sentido do tato tem com elas um encontro amoroso antes de a boca lhes provar a doçura. Como o mel, os montes de uvas-passas, até o arroz, se oferecem docilmente à mão! Que paixão nesse encontro de dois que, finalmente, escapam à colher! Grata e livre como a moça raptada da casa de seus pais, o doce de morangos dá-se aqui a provar, sem pão e por assim dizer à luz do Sol, e até a manteiga corresponde com ternura à audácia de um pretendente que entrou no seu quarto de donzela. A mão, esse jovem Don Juan, já penetrou em todas as celas e desvãos, deixando atrás de si camadas a escorrer e muita coisa a pingar: virgindade que sem lamentos se renova.

Criança num carrossel. A plataforma com os bichos de serviço gira rente ao chão. Tem a altura certa para se sonhar que se voa. A música começa, e a criança afasta-se da mãe aos solavancos. Primeiro, com medo de deixar a mãe. Depois, o menino percebe como ela própria lhe é fiel. Sentada no seu trono, domina, sobranceira e leal, um mundo que lhe pertence. Na linha tangencial, árvores e indígenas formam alas. E, de repente, eis que a mãe volta a aparecer num Oriente. Da floresta virgem emerge depois uma copa alta, como a criança já a viu há milénios, como agora a vê no carrossel. O bicho que escolheu afeiçoa-se-lhe: cavalga sobre o seu peixe mudo como um silencioso Árion, um Zeus-touro de madeira rapta-a, qual Europa sem mácula. Há muito tempo que o eterno retorno de todas as coisas se fez sabedoria de criança, e a vida uma embriaguez de dominação primordial, com o realejo ensurdecedor ao centro, como tesouro da coroa. Quando o andamento começa a abrandar, o espaço começa a gaguejar, e as árvores, a voltar a si. O carrossel torna-se terreno inseguro. E aparece a mãe, a estaca tantas vezes abordada em volta da qual a criança, ao atracar, enrola a amarra do olhar.

Criança desarrumada. Cada pedra que encontra, cada flor que colhe e cada borboleta que apanha já são para ela o começo de uma coleção, e tudo o que possui é para ela logo uma coleção. Na criança, essa paixão mostra o seu verdadeiro rosto, o olhar rigoroso do índio que continua a brilhar, mas já só turvo e maníaco, nos antiquários, investigadores e bibliômanos. Mal entra na vida e já é caçadora. Caça espíritos, cujo rastro fareja nas coisas; entre espíritos e coisas passam-se anos em que o seu campo de visão permanece livre da presença humana. Nela, as coisas passam-se como nos sonhos: não conhece nada de duradouro, acha sempre que tudo lhe cai em cima, vem ao seu encontro, esbarra com ela. Os seus anos de nomadismo são horas na floresta do sonho. Daí traz a presa para casa, para limpá-la, consolidá-la, libertá-la de encantamentos. As suas gavetas têm de se transformar em arsenal e jardim zoológico, em museu do crime e cripta. "Arrumar" seria destruir uma toca cheia de castanhas eriçadas que são clavas, papéis de prata que são um tesouro, blocos de madeira que são caixões, cactos que são totens e moedas de cobre que são escudos. No armário de roupa da mãe, na biblioteca do pai, a criança já há muito tempo que dá uma ajuda, mas no seu próprio terreno continua a ser o hóspede inconstante e belicoso.

Criança escondida. Já conhece todos os esconderijos da casa, e volta a eles como a uma morada onde sabemos que iremos encontrar tudo no seu lugar. O coração palpita, prende a respiração. Aqui, está encerrada no mundo da matéria. Este torna-se-lhe extremamente nítido, aproxima-se sem uma palavra. Como um enforcado, que só então toma plena consciência do que são a corda e a madeira. A criança escondida atrás das cortinas torna-se ela própria algo de esvoaçante e branco, um fantasma. A mesa da sala de jantar, debaixo da qual se acocorou, transforma-a em ídolo num templo em que as pernas torneadas são as quatro colunas. E atrás de uma porta ela própria é porta, recoberta por esta, máscara pesada, mago que enfeitiçará todos os que entrarem desprevenidos. Por nada deste mundo pode ser descoberta. Quando faz caretas, dizem-lhe que se o relógio bater ela ficará assim para sempre. No seu esconderijo, ela sabe o que há de verdade nisso. Quem a descobrir pode fazê-la ficar petrificada, um ídolo debaixo da sua mesa, enredá-la para sempre, como fantasma, nas cortinas, mandá-la para o resto da vida para dentro da pesada porta. Por isso ela expulsa com um grande grito o espírito demoníaco que assim a transformou, para que não a encontrem. E se quem procura a apanha, ela nem sequer espera por esse momento, antecipa-se-lhe com um grito de libertação. Por isso ela se não cansa dessa luta com o demônio. Nela, a casa é o arsenal de máscaras. Mas uma vez ao ano, em lugares secretos, nas suas órbitas vazias, na sua boca aberta, há presentes. A experiência mágica torna-se uma ciência. E a criança, seu engenheiro, desenfeitiça a sombria casa dos pais e procura os ovos de Páscoa.

Antiguidades

Medalhão. Há um efeito paradoxal em tudo aquilo que é designado de belo: o fato de se manifestar.

Moinho de orações. Só a imagem que se oferece à vista alimenta e mantém viva a vontade. Já a mera palavra pode levá-la, quando muito, a inflamar-se, para depois continuar a arder em lume brando. Não há vontade plena sem a percepção precisa da imagem. Não há percepção sem ativação nervosa. E a respiração é o seu fator de regulação mais preciso. A sonoridade das fórmulas é um cânone dessa respiração. Daqui vem a prática meditativa do ioga, em que se respira sobre as sílabas sagradas. Daqui, a sua onipotência.

Colher antiga. Há uma coisa que é privilégio dos maiores poetas épicos: poder alimentar os seus heróis.

Mapa antigo. A maior parte das pessoas busca num amor a pátria eterna. Outros, porém, muito poucos, a eterna viagem. Estes são melancólicos, e têm motivos para temer o contato com a terra-mãe. Procuram aqueles que poderiam manter afastada deles a saudade da pátria. A esses são fiéis. Os livros medievais sobre a doutrina dos temperamentos conhecem bem a nostalgia desse tipo de homens pelas viagens longas.

Leque. Todos terão passado pela seguinte experiência: se amamos alguém, ou mesmo se estivermos apenas intensamente ocupados com essa pessoa, encontraremos o seu retrato em quase todos os livros. É verdade, ele aparece como protagonista e antagonista. Nos contos, romances e novelas aparece-nos sempre em novas metamorfoses. Daqui podemos concluir: a faculdade da imaginação é o dom de fazer interpolações no infinitamente pequeno, de inventar para cada intensidade, enquanto algo de extensivo, uma nova e densa plenitude, em suma, de tomar cada imagem como se fosse a do leque fechado que só ao desdobrar-se respira e com essa nova amplitude evidencia no seu interior os traços da pessoa amada.

Relevo. Estamos em companhia da mulher que amamos, conversando com ela. Depois, semanas ou meses mais tarde, já separados dela, vem-nos de novo à memória o assunto da conversa. Mas agora o motivo parece-nos banal, cru, sem relevo, e apercebemo-nos de que foi apenas ela quem, ao debruçar-se em amor sobre ele, lhe deu sombra e o protegeu diante de nós, para que o pensamento vivesse como um relevo em todas as dobras e recantos desse motivo. Se estivermos sós, como agora, ele está aí, raso, sem consolo nem sombra, na luz do conhecimento que dele temos.

Torso. Só quem fosse capaz de contemplar o seu próprio passado como fruto de contrariedades e da necessidade estaria em condições de, em cada momento presente, tirar dele o máximo partido. Pois aquilo que vivemos um dia é, na melhor das hipóteses, comparável àquela bela estátua a que o transporte quebrou todos os membros, e agora mais não tem para oferecer do que o precioso bloco a partir do qual terá de ser esculpida a forma do futuro.

Relógios e joias de ouro

Quem vê diante de si o nascer do Sol, acordado, vestido, por exemplo num passeio, conserva durante todo o dia perante os outros a superioridade de um monarca com uma coroa invisível; e aquele a quem ele surgiu durante o trabalho sente-se ao meio-dia como se tivesse ele próprio posto a coroa na cabeça.

O número de página pesa sobre as personagens de romance como um relógio da vida no qual os segundos passam rapidamente. Haverá algum leitor que não lhe tenha já deitado um olhar furtivo e angustiado?

Sonhei que ia com Roethe – eu, livre-docente recém-formado – em amena conversa de colegas pelas amplas salas do museu de que ele é diretor. Enquanto ele conversa na sala ao lado com um funcionário, eu chego-me a uma vitrine. Nela, ao lado de outros objetos bem menores, espalhados, está o busto, quase em tamanho natural, de uma mulher, metálico ou esmaltado, refletindo de forma difusa a luz, não muito diferente da chamada Flora, de Leonardo, no Museu de Berlim. A boca dessa cabeça dourada está aberta, e os dentes do maxilar inferior estão cobertos, a intervalos regulares, de joias, algumas das quais pendendo da boca. Não tive dúvidas de que se tratava de um relógio. – (Motivos do sonho: a vergonha do Roethe[6]; "O ouro da primeira hora / na boca da aurora"[7]; *"La tête, avec l'amas de sa crinière sombre / Et de ses bijoux précieux, // Sur la table de nuit, comme une renoncule, / Repose"*. Baudelaire[8]).

Lâmpada de arco

Só conhece um ser humano aquele que o ama desesperadamente.

Varanda

Gerânio. Duas pessoas que se amam estão presas acima de tudo aos seus nomes.

Cravina. Para aquele que ama, a pessoa amada parece sempre solitária.

Asfódelo. Quando se é amado fecha-se atrás de nós o abismo do sexo, tal como o da família.

Flor de cacto. O verdadeiro amante alegra-se quando aquele que ama discute sem ter razão.

---

[6] No original *Scham-Roethe*, à letra "rubor de vergonha". O jogo de palavras remete para o nome de um conhecido germanista da época (Roethe), que deve ter tido papel nada louvável nas desventuras acadêmicas de Benjamin (ver, sobre as peripécias da recusa da tese acadêmica sobre o drama do Barroco em Heidelberg, o comentário a *Origem do drama trágico alemão*, em particular "O fracasso da dissertação" – Autêntica, 2013, p. 304-310).

[7] É a tradução possível do provérbio alemão em que intervêm as palavras "ouro" e "boca" (*Morgenstunde hat Gold im Munde*).

[8] Linhas do poema "Une martyre" d'*As Flores do Mal*. Na tradução de Maria Gabriela Llansol: "A cabeça, num misto de cabeleira escura / E de jóias preciosas de ornato, // Sobre a mesa-de-cabeceira, como uma flor, / Repousa..." (Baudelaire, *As Flores do Mal*. Lisboa, Relógio d'Água, 2003, p. 253).

Miosótis. A lembrança vê a pessoa amada sempre em formato reduzido.

Planta ornamental. Se surge um obstáculo à união, entra logo em cena a fantasia de uma vida em comum sem desejos nos anos da velhice.

Perdidos e achados

Objetos perdidos. O que torna incomparável e irrepetível a primeira visão de uma vila, de uma cidade no meio da paisagem, é o fato de nela o que está longe vibrar numa estreita ligação com o que está próximo. Ainda não se fizeram sentir os efeitos do hábito. Mal começamos a orientar-nos, logo a paisagem desaparece como a fachada de uma casa quando entramos nela. Ainda não ganhou preponderância através da constante exploração, transformada em hábito. Assim que começamos a orientar-nos no lugar, nunca mais aquela primeira imagem poderá ser reconstituída.

Objetos encontrados. A lonjura azulada que não cede a nenhuma proximidade, e também não se dissipa com a aproximação, que não se mostra de forma ostentatória e prolixa a quem dela se aproxima, antes se erguendo mais fechada e ameaçadora, é a lonjura pintada do cenário teatral. É isso que dá aos cenários o seu caráter único.

Praça para não mais que três tipoias[9]

Fiquei dez minutos num ponto à espera de um ônibus. "L'Intran... Paris-Soir... La Liberté", gritava atrás de mim uma vendedora de jornais, sem parar e sempre no mesmo tom de voz. "L'Intran... Paris-Soir... La Liberté" – uma cela de prisão de planta triangular. À minha frente, podia ver como parecia vazia nos cantos.

Vi em sonhos uma "casa de má fama". "Um hotel onde um animal é estragado com mimos. Quase todos bebem apenas a água desse animal." Sonhei nessas palavras e acordei logo em seguida sobressaltado. Estava tão cansado que me deixei cair na cama, vestido e com o quarto iluminado, e adormeci de imediato por alguns segundos.

Nos grandes blocos de habitação há uma música de uma exuberância tão mortalmente triste que temos dificuldade em acreditar que ela

---

[9] Pequeno carro para transporte urbano puxado por cavalos.

se destina àquele que a toca: é música para quartos mobilados, onde nos sentamos aos domingos a pensar, e que logo se guarnece com aquelas notas como uma taça de fruta demasiado madura com folhas murchas.

Monumento aos combatentes

Karl Kraus. Não há nada mais deprimente que os seus adeptos, nada mais desolador que os seus adversários. Nenhum outro nome foi tão justamente reverenciado pelo silêncio. Numa armadura antiquíssima, com um riso feroz de ídolo chinês, brandindo com ambas as mãos as espadas nuas, executa a dança guerreira diante da cripta da língua alemã. Ele, "apenas um dos epígonos que moram na velha casa da língua",[10] tornou-se o guardião do seu túmulo. Monta-lhe guarda dia e noite. Nunca um posto foi tão fielmente defendido e nenhum tão completamente perdido. Eis aquele que, como uma Danaide, se alimenta do mar de lágrimas do mundo seu contemporâneo e de cujas mãos, como das de Sísifo, se escapa o rochedo que estava destinado a soterrar os seus inimigos. Que há de mais vulnerável que a sua conversão? E de mais impotente que a sua humanidade? E de mais desesperado que a sua luta com a imprensa? Que sabe ele dos poderes que verdadeiramente são seus aliados? E, no entanto, que poderes de vidente dos novos magos se podem comparar com a escuta atenta desse feiticeiro a quem uma língua remota inspira as palavras? Quem é que alguma vez evocou um espírito como Kraus em "Die Verlassenen",[11] como se nunca antes tivesse sido composta a "Selige Sehnsucht"?[12] Com uma impotência que só se ouve nas vozes dos espíritos, o sussurro vindo das profundezas crônicas da língua traz-lhe as suas profecias. Cada som é incomparavelmente autêntico, mas no conjunto deixam-nos perplexos, como os oráculos. Cega como os Manes, a língua exorta-o à vingança, limitada como os espíritos que só conhecem a voz do sangue e a quem é indiferente o que provocam no reino dos vivos. Mas ele não se pode enganar. Os imperativos da língua são infalíveis. Todo aquele que lhe cair nos braços está sentenciado: na

---

[10] Citação do poema "Bekenntnis" [Confissão], do livro de Kraus *Worte in Versen* [Palavras em Verso], Livro III.

[11] "Os abandonados", poema de *Worte in Versen*, Livro V.

[12] "Saudade de bem-aventurança": ver nota 5, p. 33.

sua boca, o seu próprio nome lhe dita a sentença. Quando a escancara, a chama sem cor da sátira salta-lhe dos lábios. E que ninguém que percorra os caminhos da vida esbarre com ele. Num campo arcaico da honra, no enorme campo de batalha de um trabalho sangrento, ele se enfurece diante de um monumento funerário abandonado. As homenagens à sua morte serão desmesuradas, as últimas que lhe serão feitas.

Alarme contra incêndio

A ideia que se tem da luta de classes pode ser enganadora. Não se trata de uma prova de força em que se tenha de decidir a questão de saber quem ganha e quem perde; não se trata de um combate depois do qual o vencedor ficará bem, e o vencido, mal. Pois, quer a burguesia ganhe, quer ela perca essa luta, ela está condenada a sucumbir às contradições internas que se tornarão fatais ao longo da sua evolução. A questão é apenas a de saber se ela se afundará por si própria ou pela ação do proletariado. A manutenção ou o fim de uma evolução cultural com três mil anos serão decididos pela resposta a essa pergunta. A história nada sabe sobre a imperfeita infinitude simbolizada nos dois gladiadores eternamente em luta. O verdadeiro político só faz projetos a prazo. E se a eliminação da burguesia não for concretizada até um momento rapidamente calculável da evolução econômica e técnica (a inflação e a guerra de gás parecem assinalá-lo), então tudo está perdido. É preciso cortar o rastilho antes que a centelha chegue à dinamite. Intervenção, risco e rapidez do político são coisas técnicas – não cavaleirescas.

Recordações de viagem

Atrani. A escadaria barroca, curva e de leve inclinação até a igreja. A grade atrás da igreja. As ladainhas das velhas na hora das ave-marias: entrada na escola, primeira classe da morte. Quando nos voltamos, a igreja confina com o mar, como o próprio Deus. Todas as manhãs a era cristã desponta no rochedo, mas entre as muralhas, lá embaixo, a noite continua a dividir-se pelos quatro velhos bairros romanos. Ruelas como poços de ventilação. Na praça do mercado, uma fonte. Ao cair da tarde, mulheres à sua volta. Depois, a solidão: murmúrio arcaico da água.

Marinha. A beleza dos grandes veleiros é única. Não só porque o seu perfil permaneceu inalterado ao longo de séculos, mas também porque surgem na mais imutável das paisagens: no mar, recortando-se no horizonte.

Versalhes, fachada. É como se tivéssemos esquecido esse palácio, que foi ali posto há umas centenas de anos *par ordre du roi* para servir de pano de fundo a uma *féerie* de apenas duas horas. Nada guarda do seu esplendor, oferece-o inteiro àquele parque real que com ele confina. Contra esse pano de fundo, transforma-se no palco onde a monarquia absoluta era representada como *ballet* alegórico. Hoje, porém, a fachada é apenas a parede cuja sombra procuramos para contemplar a vista da perspectiva azul criada por Le Nôtre.

Castelo de Heidelberg. As ruínas cujos restos se destacam contra o céu apresentam-se-nos como duplamente belas em dias límpidos, quando o olhar se encontra, nas suas janelas ou no topo, com as nuvens que passam. A destruição acentua, através do espetáculo fugaz que dá a ver no céu, a eternidade dessas ruínas.

Sevilha, Alcázar. Uma arquitetura que segue o primeiro impulso da imaginação. Nenhum problema de ordem prática lhe quebra a continuidade. Nos altos aposentos só estão previstos sonhos e festas, e a sua realização. Lá dentro, a dança e o silêncio tornam-se *Leitmotiv*, porque toda movimentação humana é absorvida pelo rumor silencioso da ornamentação.

Marselha, catedral. A catedral ergue-se na praça mais deserta e mais ensolarada. Aqui tudo é morto, apesar de a sul, a seus pés, estar o porto, La Joliette, e a norte um bairro proletário. Ali se ergue aquela construção erma, lugar de transação de impalpáveis e insondáveis mercadorias, entre o cais e o armazém. Trabalhou-se nela perto de quarenta anos. Mas quando, em 1893, a obra foi concluída, o lugar e o tempo conjuraram-se nesse monumento contra arquitetos e promotores, e venceram: dos vastos recursos do clero nasceu uma gigantesca estação ferroviária que nunca foi aberta ao tráfego. Pela fachada reconhecem-se as salas de espera no interior, onde estão sentados os passageiros da primeira à quarta classes (mas perante Deus são todos iguais), entalados, como entre malas, nos seus haveres espirituais, lendo livros de cânticos que, com as suas concordâncias e correspondências, são muito parecidos com os guias ferroviários internacionais. Nas paredes estão afixados extratos dos regulamentos ferroviários, como se fossem cartas pastorais, consultam-se as tabelas de indulgências para as viagens especiais no trem de luxo de Satanás, e mantêm-se operacionais, na sua forma de confessionário, cabines onde os que se lançam a longas viagens podem lavar corpo e alma. É a estação da religião em Marselha. Daqui partem, à hora da missa, trens com vagões-cama, com destino à eternidade.

Catedral de Friburgo. Ao mais autêntico sentimento de pertença a uma cidade associa-se, para os seus habitantes – e talvez também na memória do viajante que aí se deteve –, o som e os intervalos com que batem os relógios das suas torres.

Moscou, catedral de S. Basílio. Aquilo que a Madonna bizantina tem nos braços é apenas um boneco de madeira em tamanho natural. A sua expressão de dor diante de um Cristo cuja condição de criança é apenas sugerida, apenas representada, é mais intensa do que a que ela poderia mostrar com uma imagem autêntica do menino.

Boscotrecase. Nobreza de um bosque de pinheiros: o seu teto forma-se sem entrelaçamentos.

Nápoles, Museu Nacional. Nos seus sorrisos, estátuas arcaicas mostram a quem as observa a consciência do corpo, tal como uma criança nos traz as flores que acabou de colher, soltas e dispersas; a arte mais tardia, pelo contrário, marca de forma mais acentuada as expressões do rosto, como o adulto que tece com ervas cortantes o ramo destinado a durar.

Florença, batistério. No portal, a "Spes" (Esperança) de Andrea Pisano. Está sentada e ergue, desesperada, os braços para um fruto que não alcança. E no entanto é alada. Nada de mais verdadeiro.

Andrea Pisano, *Spes* (Florença)

Céu. Saí em sonhos de uma casa e olhei o céu noturno. Dele desci um brilho muito forte. É que, estando sem estrelas, estavam nele fisicamente presentes as figuras segundo as quais agrupamos as estrelas em signos. Um leão, uma virgem, uma balança e muitas outras, em densas aglomerações de astros, olhavam fixamente para a Terra cá em baixo. Da Lua, nem rastro.

Oculista

No verão são as pessoas gordas que dão nas vistas, no inverno as magras.

Na primavera, em dias de sol claro, damos pelas folhas novas, nos de chuva fria saltam-nos à vista os ramos ainda sem folhas.

Pela posição dos pratos e das xícaras, dos copos e das comidas, aquele que ficou apercebe-se de como decorreu um serão em que se receberam hóspedes.

Princípio básico da sedução: multiplicar-se por sete; colocar-se, desdobrado em sete, em volta daquela que se deseja.

O olhar é a última gota do ser humano.

Brinquedos

Folhas de cartolina para armar. Barracas atracaram como grandes barcaças dançantes de ambos os lados do quebra-mar em que as pessoas se empurravam. Há veleiros de mastros altos embandeirados, paquetes de cujas chaminés sai fumo, barcaças que mantêm durante muito tempo a carga a bordo. Entre eles há barcos em cujo bojo desaparecem pessoas; só os homens podem descer, mas através das escotilhas veem-se braços de mulher, véus e penas de pavão. Noutros lugares há forasteiros na coberta, que parecem querer assustar o público com música excêntrica. Mas com que indiferença ela é recebida! As pessoas sobem com hesitação, num passo largo e oscilante, como quem sobe o portaló de um navio, e, enquanto permanecem em cima, ficam à espera de que tudo se desprenda da margem. Aqueles que, calados e aturdidos, voltam a aparecer, viram o seu próprio casamento tornar-se realidade e acabar em dispositivos com uma escala vermelha de álcool vínico avermelhado que sobe e desce; o homem amarelo que embaixo começava um ritual de sedução perdeu na ponta superior dessa escala a mulher azul. Olharam para o espelho quando o chão aquoso lhes fugia debaixo dos pés e saíram para o ar livre, tropeçando, por escadas rolantes. A frota traz o desassossego ao bairro: mulheres e moças expõem-se descaradamente nas suas ruas, e tudo o que era comestível foi transportado nada mais nada menos que para o país das maravilhas. Fica-se tão isolado pelo grande oceano que aí tudo se encontra como que pela primeira e última vez. Leões-marinhos, anões e cães são guardados como numa arca. Até o trem foi aqui definitivamente instalado e anda em círculo, passando sempre pelo mesmo túnel. Por alguns dias, o bairro transformou-se na cidade portuária de uma ilha dos mares do sul, e os seus habitantes, em selvagens que, cobiçosos e espantados, se rendem àquilo que a Europa lhes lança aos pés.

Alvos. As paisagens das barracas de tiro ao alvo deviam ser reunidas num *corpus* e descritas. Havia uma que era um deserto polar do qual em vários lugares se destacavam fornilhos de cachimbo em barro branco, que constituíam os alvos. Atrás, diante de uma faixa indefinida de floresta, estavam pintados dois guardas-florestais, e em primeiro plano, como peças de cenário, duas sereias de peitos provocantes pintadas a óleo. Noutras, veem-se cachimbos espetados em cabelos de mulheres, raramente pintadas com saias, quase sempre em roupa de banho. Ou então saem de um leque que se abre na sua mão. Cachimbos móveis deslizam no fundo da barraca do *tirs aux pigeon*.[13] Outras barracas apresentam cenas de teatro em que é o próprio visitante a dirigir a encenação com a espingarda. Se acerta no preto, começa o espetáculo. Assim, certa vez havia trinta e seis caixas, e sobre o arco do proscênio estava escrito em cada uma o que se podia esperar da respetiva cena: "Jeanne d'Arc en prison", "L'hospitalité", "Les rues de Paris". E numa outra barraca: "Exécution capitale". Em frente a um portão fechado, uma guilhotina, um juiz de talar preto e um padre com a cruz na mão. Se o tiro acerta, o portão se abre, sai uma tábua, em cima dela o condenado entre dois esbirros. Aquele se deita imediatamente sob a guilhotina, e a cabeça rola. Na mesma barraca: "Les délices du mariage". Abre-se a cena sobre um interior de miséria. No meio do quarto, o pai com um dos filhos nos joelhos, embalando com a mão

---

[13] "Tiro aos pombos", em francês no original.

livre um outro que está no berço. "O inferno": quando as portas se abrem damos com um diabo a atormentar uma pobre alma. Ao lado, um outro arrasta um padre para o caldeirão em que os condenados vão sendo cozidos em lume brando. "Le bagne": um portão, diante dele um guarda prisional. Quando se acerta, ele puxa uma sineta. Ouve-se tocar, e o portão abre-se. Veem-se dois presos atarefados com uma grande roda, parecendo que são obrigados a fazê-la girar. Vejamos outra cena: um rabequista com o seu urso amestrado. O urso bate com uma pata no timbale e levanta uma perna. Pensamos logo na história do Alfaiate Valentão; mas também a Bela Adormecida podia ser despertada com um destes tiros, a Branca de Neve ser libertada da maçã e a menina do Chapeuzinho Vermelho salva. O tiro atinge de forma fabulosa a existência dos bonecos, com aquela violência salutar que decepa a cabeça aos monstros fazendo sair deles princesas. É o que acontece com aquele grande portão sem inscrição: quando se acerta, ele se abre e aparece um mouro diante de cortinados de veludo vermelho, parecendo fazer uma pequena vênia. Traz nas mãos uma taça dourada com três frutos. O primeiro se abre, e dele sai uma figura minúscula que faz uma vênia. No segundo, dois bonecos igualmente minúsculos rodopiam dançando. (O terceiro não se abriu.) Por baixo, diante da mesa sobre a qual está construído o resto do cenário, um pequeno cavaleiro de madeira, com a inscrição: "Route minée". Quando se acerta em cheio, ouve-se um estampido, e o cavaleiro dá uma cambalhota com o cavalo, mas continua, é claro, sentado na sela.

Estereoscópio. Riga. O mercado diário, a cidade apinhada de barracas de madeira baixas estende-se ao longo do quebra-mar, uma muralha de pedra, larga e suja e sem armazéns, acompanhando as águas do Duína Ocidental. Pequenos barcos a vapor, com chaminés que não ultrapassam muitas vezes a altura do cais, afluíram à cidade liliputiana enegrecida (os navios maiores estão ancorados do lado da foz). Pranchas sujas formam o fundo barrento sobre o qual, refulgindo no ar frio, algumas, poucas, cores se desvanecem. Em algumas esquinas há aqui, ao lado das barracas de peixe, carne, botas e roupas, mulheres da pequena burguesia com aquelas varetas de papel enrolado que só chegam ao Ocidente na altura do Natal. Ser repreendido pela voz que mais se ama – é isso que significam aquelas varetas. Uma chibata colorida, de muitas pontas, por um par de centavos. Na ponta do quebra-mar, num recinto com vedações de madeira apenas a trinta passos da água, fica o mercado das maçãs com os seus montinhos vermelhos e brancos. As maçãs que estão à venda são dispostas sobre palha, e as vendidas, metidas, sem palha, nos cestos das donas de casa. Ao fundo ergue-se uma igreja de tons vermelho-escuros, que, no ar fresco de novembro, não consegue impor-se às bochechas vermelhas das maçãs. Em pequenas casas, não muito longe do quebra-mar, algumas lojas oferecem artigos náuticos. Nas fachadas vê-se cordame pintado. Por toda parte, os artigos a venda são representados em tabuletas ou nas paredes das casas. Numa das lojas da cidade estão representadas, numa parede de tijolo sem reboco, malas de porão e respectivas correias em tamanho gigante. Uma casa de esquina, baixa, com uma loja de cintas e chapéus de senhora, está toda pintada com os rostos de damas bem arranjadas e corpetes apertados sobre fundo amarelo-ocre. No canto em frente há um candeeiro de rua com motivos semelhantes pintados nos vidros. O conjunto é como a fachada de um bordel imaginário. Uma outra casa, também não muito longe do porto, apresenta na fachada sacas de açúcar e carvão destacando-se em cinzento e preto sobre um fundo pardo. Noutro lugar, há sapatos a chover de dentro de cornucópias. Ferragens, martelos, rodas dentadas, alicates e os menores parafusos surgem pintados numa tabuleta, lembrando os quadros com motivos nos antigos livros de pintar para crianças. Toda a cidade está cheia de quadros desses, dispostos como se tivessem saído de gavetas. Mas no meio deles erguem-se muitas construções altas como fortificações, respirando tristeza e morte e evocando todos os terrores do czarismo.

Não está à venda. Sala dos autômatos na feira anual de Lucca. A exposição foi instalada numa tenda alongada, simetricamente dividida, a que se acede por alguns degraus. A tabuleta representa uma mesa com alguns bonecos imóveis. Entra-se na tenda pela abertura da direita, e sai-se pela da esquerda. No interior iluminado, duas mesas alongam-se até o fundo. Os lados maiores das mesas estão encostados um ao outro, de modo que apenas resta um espaço apertado para a circulação. As duas mesas são baixas e têm um tampo de vidro, sobre o qual estão dispostos os bonecos, enquanto que na parte inferior, oculta, se ouve o tique-taque do mecanismo de relógio que aciona os bonecos. Um pequeno estrado para crianças corre ao longo das mesas. As paredes estão revestidas com espelhos deformantes. Próximo da entrada veem-se figuras de soberanos. Cada uma delas tem alguma parte que se move: umas fazem, com o braço direito ou o esquerdo, um movimento amplo e convidativo, outras deslocam os olhares vítreos; e há as que rolam os olhos e mexem os braços ao mesmo tempo. Francisco José, Pio IX, sentado no trono e ladeado por dois cardeais, a rainha Elena de Itália, a sultana, Guilherme I a cavalo, Napoleão III, pequeno, e ainda menor Vittorio Emanuele em pose de príncipe herdeiro. Seguem-se figuras bíblicas, e a seguir a paixão de Cristo. Herodes ordena, com múltiplos movimentos de cabeça, a matança dos inocentes. Escancara a boca e abana a cabeça, estende o braço e deixa-o cair de novo. À sua frente, dois carrascos: um deles anda às voltas sobre si mesmo, com a espada desembainhada e uma criança decapitada debaixo do braço; o outro, pronto a espetar a espada, está imóvel, à exceção dos olhos que rolam. E junto deles duas mães: uma, abanando incessante e vagarosamente a cabeça como num acesso de melancolia, a outra erguendo os braços lentamente, suplicante. A crucificação. A cruz está no chão, os carrascos martelam os cravos. Cristo abana a cabeça para baixo e para cima. Cristo crucificado, dessedentado pela esponja com vinagre que um soldado lhe chega lentamente, aproxima e afasta, até retirá-la de vez. O Salvador limita-se a erguer um pouco o queixo. Por detrás, um anjo debruça-se sobre a cruz com o cálice para o sangue, estende-o e retira-o depois, como se estivesse cheio. A outra mesa mostra "quadros de gênero". Gargântua com grandes almôndegas de sêmola num prato que tem à frente. Movendo alternadamente o braço direito e o esquerdo, vai levando as almôndegas à boca com ambas as mãos. Cada uma das mãos segura um garfo onde está espetada uma almôndega. Uma moça dos Alpes fiando. Dois macacos tocam violino. Um ilusionista com dois recipientes em forma de barrica à sua frente. Abre-se a da direita, e dela sai o busto de uma dama, que desaparece logo a seguir. Abre-se a da esquerda, e dela sai o tronco de um homem. A barrica da direita volta a abrir-se, e agora sai dela o crânio de um bode com a cara da dama entre os chifres. Depois disso, levanta-se algo à esquerda: aparece um macaco em vez do homem. E logo tudo recomeça do princípio. Outro ilusionista: à sua frente, uma mesa; segura em cada mão um copo virado ao contrário. De baixo dos copos, à medida que ele vai levantando um ou outro, saem um pão ou uma maçã, uma flor ou um dado. A fonte encantada: um rapaz camponês em frente a uma nora abanando a cabeça. Uma moça aciona a bomba e sai um jato grosso e ininterrupto de vidro da boca do poço. Os amantes encantados: um arbusto ou uma chama dourados abrem-se em duas línguas. Nelas aparecem dois bonecos que se voltam um para o outro, e logo a seguir se dão as costas, como se se olhassem espantados e perplexos. Por baixo de todas as figuras, um papel com a respetiva inscrição. Tudo do ano de 1862.

Policlínica

O autor coloca os pensamentos sobre a mesa de mármore do café. Longa meditação: aproveita o tempo em que o vidro – a lente com a qual examina o doente – ainda não está à sua frente. Depois, vai retirando os seus instrumentos: caneta, lápis e cachimbo. A multidão dos frequentadores, disposta em anfiteatro, constitui o seu público clínico. O café, servido por mão solícita e assim saboreado, submete o pensamento aos efeitos do clorofórmio. Aquilo em que pensa tem tanto a ver com a coisa em si como o sonho do narcotizado com a intervenção cirúrgica. Fazem-se incisões nas cuidadas linhas da caligrafia, o operador desloca acentos no seu interior, cauteriza as protuberâncias verbais e insere, como se fosse uma costela de prata, uma palavra estrangeira. Por fim, costura tudo com os pontos finos da pontuação e paga ao criado, seu assistente, em numerário.

Espaços livres para alugar

A estultícia daqueles que lamentam o declínio da crítica. Porque a hora da crítica já há muito tempo que passou. A crítica é uma questão de distância certa. O seu elemento é o de um mundo em que o que importa são as perspectivas e os pontos de vista, e em que ainda era possível assumir uma posição. Entretanto, as coisas tornaram-se excessivamente agressivas para a sociedade humana. A "imparcialidade", o "olhar livre" são mentiras, se não mesmo a mais ingênua expressão da pura incompetência. O olhar hoje mais essencial, o olho mercantil que penetra no coração das coisas, chama-se propaganda. Esta arrasa o espaço livre da contemplação e aproxima tanto as coisas, coloca-as tão debaixo do nariz quanto o automóvel que sai da tela de cinema e cresce, gigantesco, tremeluzindo em direção a nós. E do mesmo modo que o cinema não oferece móveis e fachadas a uma observação crítica completa, mas dá apenas a sua espetacular, rígida e repentina proximidade, também a propaganda autêntica transporta as coisas para primeiro plano e tem um ritmo que corresponde ao de um bom filme. Com isso, foi-se de vez a "objetividade", e diante das imagens hiperdimensionais nas paredes das casas, onde o "Chlorodont" e o "Sleipnir" estão ao alcance das mãos de gigantes, o sentimentalismo curado liberta-se à americana, como aquelas pessoas a quem já nada move nem comove, e que aprendem novamente a chorar no cinema. Mas para o homem da rua, aquilo que dele aproxima assim as coisas, o que estabelece o contato decisivo com elas, é o dinheiro. E o crítico pago, que manipula o valor dos quadros na galeria de arte do *marchand*, sabe sobre eles coisas que, se não são melhores, são certamente mais importantes do que as que sabe o amador de arte que os vê na vitrine. Solta-se do tema da obra um calor que dá asas ao seu sentimento. O que é que torna, afinal, a propaganda tão superior à crítica? Não será aquilo que diz a escrita elétrica e móvel do anúncio – mas a poça de fogo que a reflete no asfalto.

Equipamento de escritório

O gabinete do chefe está abarrotado de armas. Aquilo que impressiona quem entra, porque parece conforto, é de fato um arsenal escondido. O telefone em cima da mesa está sempre a tocar. Interrompe-nos no momento mais importante, e dá ao nosso interlocutor tempo para pensar na resposta que lhe convém. Entretanto, alguns farrapos da conversa mostram como aqui se trata de muitos assuntos bem mais importantes do que aquele que viemos resolver. Dizemo-lo a nós próprios, e pouco a pouco começamos a descrer do nosso ponto de vista. Começamos a perguntar-nos de quem se estará falando ali, apercebemo-nos, assustados, de que o interlocutor parte no dia seguinte para o Brasil e, logo depois, de que ele está de tal modo solidário com a firma que a enxaqueca de que se queixa ao telefone é apresentada como uma lamentável perturbação dos negócios, e não como uma oportunidade de que se poderia tirar proveito. Chamada ou não, a secretária acaba por entrar. É muito bonita. E se o patrão há muito pôs as cartas na mesa quanto aos seus encantos, ou pela indiferença, ou pela admiração, o novato a observará mais que uma vez, e ela sabe bem como ganhar a aprovação do chefe. O seu pessoal atarefa-se, pondo sobre a mesa vários ficheiros nos quais o visitante sabe estar incluído sob várias rubricas. Começa a ficar cansado. Mas o outro, que tem a luz atrás de si, adivinha com satisfação o que se passa, olhando para os traços do rosto do interlocutor, ofuscado de tanta luz. Também a poltrona faz o seu efeito: uma pessoa fica ali sentada afundando-se como no dentista, e acaba por aceitar o penoso procedimento como se fosse a ordem natural das coisas. Mais tarde ou mais cedo, seguir-se-á também a esse tratamento uma liquidação.

Mercadoria a granel: expedição e embalagem

De manhã cedo, atravessava Marselha de automóvel para apanhar o trem, e à medida que passavam por mim lugares conhecidos e outros desconhecidos, ou outros de que só vagamente me lembrava, a cidade, nas minhas mãos, transformava-se num livro ao qual ainda deitava uma rápida vista de olhos antes de ele desaparecer da minha vista no caixote do sótão, sabe Deus por quanto tempo.

Fechado para obras!

Em sonhos, pus fim à vida com uma espingarda. Quando soou o tiro não acordei, mas vi-me durante algum tempo já cadáver. Só depois acordei.

Restaurante automático "Augias"

Esta é a mais séria objeção ao estilo de vida do solteirão: toma as refeições sozinho. Comer só é meio caminho andado para nos tornarmos insensíveis e rudes. Quem se habitua a isso tem de viver de forma espartana, para não se degradar. Os eremitas alimentavam-se frugalmente, por esta, se não por outra razão. Porque só em comunidade se faz justiça à comida, que quer ser partilhada e repartida para fazer proveito. Quem quer que fosse que o recebesse antigamente, um mendigo à mesa enriquecia qualquer refeição. O importante é repartir e dar, não a conversação social à volta da mesa. Mas, por outro lado, é surpreendente como a convivência se torna crítica sem refeição. Quando se oferece alguma coisa para comer e beber nivelam-se e unem-se as pessoas. O conde de Saint-Germain mantinha-se em jejum diante de mesas fartas, e isso era suficiente para dominar a conversação. Mas quando todos ficam de estômago vazio, surgem logo as rivalidades e os seus conflitos.

Filatelia

Muitas vezes um selo há muito tempo fora de circulação, colado num sobrescrito já amarrotado, diz mais a quem se põe a examinar maços de velhas cartas do que dezenas de páginas lidas. Por vezes encontramo-los em postais ilustrados, e ficamos sem saber se devemos descolá-los ou guardar o postal tal como está, como a folha de um mestre antigo que tem na frente e no verso dois desenhos igualmente valiosos. Nas caixas de vidro dos cafés há também cartas que têm contas a ajustar e são expostas no pelourinho aos olhos de todos. Ou será que foram deportadas e agora ficam eternamente suspirando nessa caixa, como se de um Salas y Gomez[14] de vidro se tratasse? As cartas que ficaram muito tempo à espera de serem abertas adquirem algo de brutal; são criaturas deserdadas que forjam em silêncio pérfidos planos de vingança para os seus longos dias de sofrimento. Muitas delas ostentam mais tarde, nas vitrines das lojas de filatelia, os sobrescritos ou postais franquiados, completamente marcados a fogo pelos carimbos.

Sabe-se que há colecionadores que só se interessam por selos carimbados, e somos quase tentados a crer que eles são os únicos iniciados no mistério. Concentram a sua atenção na parte oculta do selo: o carimbo. De fato, o carimbo é o lado noturno do selo. Há os solenes, que colocam uma auréola em volta da cabeça da rainha Vitória, e os proféticos, que envolvem o rei Humberto numa coroa de mártir. Mas não há fantasia sádica que se compare ao ritual negro que cobre os rostos de riscas e abre fendas no solo de continentes inteiros como um terremoto. E que perversa alegria no contraste entre esse corpo ultrajado do selo e o seu vestido de tule branco guarnecido

---

[14] Salas y Gómez é o nome da ilha na qual um náufrago, personagem de uma balada do poeta romântico alemão Adelbert von Chamisso, é obrigado a viver durante anos.

a rendas: a serrilha! Quem anda em busca de carimbos tem, como um detetive, de possuir os sinais particulares dos mais mal afamados postos de correio, tem de dominar, como um arqueólogo, a arte de identificar o torso dos mais estranhos nomes de terras e, como um cabalista, o inventário das datas de um século inteiro.

Os selos estão cheios de pequenos números, letras minúsculas, folhinhas e olhinhos. São tecidos celulares gráficos. Tudo aí pulula em confusão e, como os animais inferiores, continua a viver mesmo desmembrado. É por isso que se fazem imagens tão impressionantes com pedacinhos de selos colados. Mas neles a vida tem sempre a marca da decomposição, mostrando que é composta de matéria já morta. Os seus retratos e grupos obscenos estão cheios de ossadas e pululam de vermes.

Na sequência cromática das séries longas se refratará a luz de um sol estranho? Terão sido captados nos Ministérios dos Correios do Estado do Vaticano ou no Equador raios que nós desconhecemos? E por que razão não nos mostram os selos de planetas mais felizes? Os milhares de gradações de vermelho-fogo que circulam em Vênus e os quatro grandes tons cinzentos de Marte e os selos sem números de Saturno?

Nos selos, os países e os mares são apenas províncias, os reis apenas os mercenários dos números que derramam sobre eles a sua cor a seu bel-prazer. Os álbuns de selos são obras de consulta mágicas, neles estão inscritos os números dos monarcas e dos palácios, dos animais e das alegorias e dos Estados. A circulação postal assenta na sua harmonia, tal como o movimento dos planetas assenta na harmonia dos números celestes.

Velhos selos de dez centavos, que mostram na oval apenas um ou dois grandes algarismos. Parecem-se com aquelas primeiras fotografias a partir das quais nos olham, nas suas molduras envernizadas a preto, parentes que nunca conhecemos: tias-avós ou bisavós cifradas. Também o território de Thurn und Taxis tem grandes algarismos nos selos, que parecem números de taxímetro enfeitiçados. Não nos admiraríamos se uma noite a luz de uma vela brilhasse por detrás deles. E depois há pequenos selos sem serrilha, sem indicação de moeda ou de país. Trazem apenas um número no meio de uma densa teia de aranha. São talvez verdadeiramente os sem-destino.

Os dizeres nos selos turcos de uma piastra são como o alfinete de gravata colocado de viés, de forma pouco cuidada, demasiado brilhante sobre a gravata de um astucioso comerciante de Constantinopla meio europeizado. São da raça dos novos ricos postais, dos grandes formatos gritantes e mal serrilhados da Nicarágua ou da Colômbia, que se dão ares de notas de banco.

Os selos de sobretaxa são os *spirits*[15] entre os selos. Nunca mudam. As mudanças de monarcas e formas de governo passa por eles como por espíritos, sem deixar vestígios.

A criança olha para a distante Libéria através de binóculos de ópera assestados ao contrário: lá está ela, atrás da sua réstia de mar, com as suas palmeiras, tal como a mostram os selos. Com Vasco da Gama, a criança contorna à vela um triângulo, equilátero como a esperança e cujas cores se alteram com as mudanças atmosféricas. Prospecto turístico do Cabo da Boa Esperança. Quando vê o cisne nos selos australianos, mesmo sobre as franquias azuis, verdes e castanhas, ele é o cisne negro que só existe na Austrália e que aqui desliza sobre as águas de um lago como se do mais pacífico dos oceanos se tratasse.

...um triângulo... Cabo da Boa Esperança...

...o cisne nos selos australianos...

Os selos são os cartões de visita que os grandes Estados deixam no quarto da criança.

A criança percorre, como Gulliver, países e povos dos seus selos. Aprende no sono a geografia e a história dos liliputianos, toda a ciência

---

[15] Em inglês no original.

do pequeno povo com todos os seus números e nomes. Participa dos seus negócios, assiste às suas purpúreas assembleias populares, está presente no lançamento dos seus barquinhos e celebra o jubileu das suas cabeças coroadas, sentadas em tronos atrás de sebes.

Existe, como se sabe, uma linguagem dos selos, que está para a linguagem das flores como o alfabeto Morse para o escrito. Mas por quanto tempo viverá ainda a moda das flores entre os postes telegráficos? Não serão já os grandes selos de artista do pós-guerra, com as suas cores intensas, as sécias e dálias outonais dessa flora? Stephan,[16] um alemão, não por acaso contemporâneo de Jean Paul,[17] plantou essa semente no verão de meados do século XIX. Mas ela não sobreviverá ao século XX.

Si parla italiano[18]

Era noite, e eu estava sentado num banco, com dores fortes. À minha frente, num outro banco, sentaram-se duas moças. Pareciam querer conversar em segredo e começaram a sussurrar. Não havia ninguém por perto além de mim, eu não teria entendido o italiano que falavam, por mais alto que o fizessem. Mas, perante esse cochichar sem motivo numa língua que me era estranha, não pude deixar de ter a sensação de que uma ligadura fresca me envolvia a zona dolorida.

Primeiros socorros técnicos

Nada de mais mísero do que uma verdade que se exprime tal como foi pensada. Em tais casos, a sua passagem a escrito nem sequer chega a ser uma má fotografia. E a verdade recusa-se também (como uma criança, como uma mulher que não nos ama) a ficar quieta e

---

[16] Stephan: Heinrich von Stephan (1831-1897), organizador dos serviços postais na Prússia, introduz em 1870 o bilhete postal, e em 1877 o telefone na Prússia. Cria em 1874 a União Postal Internacional.

[17] Jean Paul: nome literário de Johann Paul Friedrich Richter (1763-1825), grande ficcionista, inclassificável, do período clássico-romântico da literatura alemã, com tendência para as narrativas fantasiosas, grotescas e barroquizantes, entre a tradição do romance satírico e humorístico inglês (Sterne, Fielding) e a do sentimentalismo e intimismo alemão do século XVIII.

[18] Em italiano no original.

com expressão amável diante da objetiva da escrita depois de nos termos acocorado sob o pano preto. Quer ser afugentada de súbito e de rompante, arrancada à autocontemplação por um tumulto, por uma música, por gritos de socorro. Quem iria contar os sinais de alarme com que está equipada a alma do verdadeiro escritor? E "escrever" mais não é do que pô-los a funcionar. Então, a doce odalisca assusta-se, pega na primeira coisa que lhe vem à mão no caos do seu *boudoir*, a nossa caixa craniana, veste-se dela e assim, quase irreconhecível, foge de nós e cai no meio do povo. Mas terá de ser muito bem constituída, de saudável compleição para se mostrar assim em público, disfarçada, acossada, mas vitoriosa e amável.

Quinquilharia

As citações são no meu trabalho como salteadores à beira da estrada, que irrompem armados e retiram ao ocioso caminhante a sua convicção.

O ato de matar o criminoso poderá ser moral – mas nunca a sua legitimação.

Deus providencia a nutrição de todos os homens, e o Estado a sua subnutrição.

A expressão das pessoas que andam pelos museus de pintura mostra a sua mal disfarçada desilusão pelo fato de aí só encontrarem quadros.

Consultor fiscal

Não há dúvida de que existe uma secreta relação entre a medida dos bens de consumo e a medida da vida, ou seja, entre o dinheiro e o tempo. Quanto mais futilmente se ocupar o tempo de uma vida, tanto mais frágeis, múltiplos, díspares serão os seus momentos, enquanto a existência do homem superior é marcada pelos períodos longos. Lichtenberg[19] propõe, e com razão, que se substitua a expressão "abreviar o tempo" pela de "fracionar o tempo", e observa: "Umas quantas dúzias

---

[19] Georg Christoph Lichtenberg (1742-1799): satirista e grande mestre do aforismo na Alemanha do Iluminismo, importante crítico de arte e divulgador científico.

de milhões de minutos fazem uma vida de quarenta e cinco anos e um pouco mais". Quando está em uso uma moeda de que uma dúzia de milhões de unidades nada significam, a vida tem de ser contada em segundos, e não em anos, para que a soma possa ter algum peso. E, consequentemente, essa vida será esbanjada como um maço de notas de banco: a Áustria não perde o hábito de contar em coroas.

O dinheiro e a chuva ligam-se. O próprio tempo, bom ou mau, é um índice do estado deste mundo. A felicidade é um estado sem nuvens, não conhece variações meteorológicas. E virá também um reino sem nuvens dos bens de consumo perfeitos, sobre o qual não choverá dinheiro.

Precisamos de uma análise descritiva das notas de banco. Um livro cuja força satírica sem limites só tivesse paralelo na força da sua objetividade. De fato, em nenhuns outros como nesses documentos o capitalismo se manifesta tão ingênuo na sua solene seriedade. O que não falta aqui são crianças inocentes a brincar em volta de algarismos, deusas segurando tábuas da lei, heróis maduros enfiando a espada na bainha perante unidades monetárias – um mundo em si, a arquitetura da fachada do inferno. Se Lichtenberg tivesse vivido em época de grande difusão do papel-moeda, o plano dessa obra não lhe teria escapado.

Proteção legal gratuita

Editor: As minhas expectativas saíram gravemente frustradas. O que o senhor escreve não tem qualquer efeito sobre o público, não atrai mesmo nada. E olhe que eu não poupei no arranjo gráfico. Arruinei-me com os custos da publicidade. O senhor sabe como continuo a apreciá-lo. Mas não poderá levar-me a mal por agora a minha consciência comercial também se fazer sentir. Se há alguém que faz o que pode pelos seus autores, sou eu. Mas, afinal, também eu tenho de pensar em mulher e filhos. Naturalmente que não estou a insinuar que os prejuízos dos últimos anos são culpa sua. Mas o sentimento de amarga desilusão, esse ficará. De momento não posso de forma alguma continuar a dar-lhe o meu apoio.

Autor: Meu senhor, por que é que se tornou editor? Vamos já tirar isso a limpo. Mas antes me permitirá uma observação: eu figuro no seu arquivo com o n.º 27. O senhor editou cinco dos meus livros, o que quer dizer que apostou cinco vezes no 27. Lamento que o 27 não tenha saído. Aliás, o senhor só apostou em mim *à cheval*.[20] Só porque eu estou ao lado do seu número de sorte, o 28. Agora já sabe por que é que se tornou editor. Podia muito bem ter escolhido uma profissão honesta, como o seu pai. Mas não, a vida é hoje, e amanhã logo se vê – a juventude é assim. Pode continuar a entregar-se a esses seus hábitos. Mas evite fazer-se passar por um comerciante honrado. Não ponha esse ar inocente se esbanjou tudo; não venha com a história do seu dia de oito horas de trabalho e da noite em que também quase não pregou olho. "Uma coisa acima de tudo, meu filho, sê fiel e verdadeiro!" E não faça cenas com os seus números, senão ainda o põem na rua.

Chamada para visita médica noturna

A satisfação sexual liberta o homem do seu mistério, que não consiste na sexualidade, mas na sua satisfação, e que talvez apenas nela seja revelado, mas não resolvido. É como uma corrente que o prende à vida. A mulher corta, o homem fica livre para morrer, porque a sua vida perdeu o mistério. Assim ele renasce; e tal como a amada o liberta do signo da mãe, assim também a mulher o liberta ainda mais literalmente da mãe terra, é a parteira que corta o cordão umbilical urdido pelo mistério da natureza.

Madame Ariane, segundo pátio à esquerda

Quem consulta videntes sobre o futuro renuncia, sem o saber, a um saber íntimo do futuro que é mil vezes mais exato do que tudo o que aí lhe possam dizer. É levado mais pela indolência do que pela curiosidade, e nada se assemelha menos à dócil imbecilidade com que assiste à revelação do seu destino do que o gesto perigoso e fulminante com que aquele que é corajoso encosta o futuro à parede. É que a sua essência é a presença de espírito, a percepção exata daquilo que acontece neste segundo, mais decisiva do que saber de antemão o que ainda vem longe. Dia e noite, o nosso organismo é atravessado por sinais, intuições, pressentimentos, num movimento como o das ondas. A questão é: prenunciam alguma coisa, ou servem-nos para alguma coisa? Mas as duas respostas

---

[20] "A cavalo", referido a números seguidos no jogo da roleta.

são inconciliáveis. A covardia e a indolência falam ao ouvido de uma, a lucidez e a liberdade ao da outra. Pois, antes que uma tal profecia ou premonição se transforme em qualquer coisa de mediato, palavra ou imagem, já a sua melhor força se terá desvanecido, aquela força com que tais sinais nos atingem bem no centro e nos obrigam, sem sabermos bem como, a agir de acordo com eles. Se o não fizermos, então, e só então, eles se decifram. Lemo-los, mas agora é tarde demais. Por isso, quando de súbito se declara um incêndio ou nos chega inesperadamente a notícia de uma morte, o susto vem, e com ele um sentimento de culpa, uma vaga recriminação: no fundo, não sabias que isso podia acontecer? Da última vez que falaste do morto, o seu nome não soou já diferente na tua boca? Não te acena das chamas aquele "ontem à noite" cuja linguagem só agora compreendes? E se perdeste um objeto que amavas, não havia já em volta dele, horas, dias antes, uma auréola de zombaria ou tristeza que o denunciava? Como raios ultravioletas, a recordação mostra a cada um, no livro da vida, uma escrita que glosava o texto, invisível como uma profecia. Mas não é impunemente que se trocam as intenções, que se entrega a vida por viver a cartas, espíritos e astros que a esgotam e gastam num instante, para nos devolvê-la profanada; não se subtrai impunemente ao corpo o seu poder de medir forças com os fados no seu próprio terreno, e de os vencer. O instante é a forca caudina[21] que obriga o destino a submeter-se-lhe. Transformar a ameaça de futuro num agora realizado, o único milagre telepático desejável, é obra de uma presença de espírito que passa pelo corpo. Os tempos primordiais, quando tal comportamento era parte integrante da vida quotidiana, ofereciam ao homem, no corpo nu, o mais fiável instrumento divinatório. A Antiguidade conhecia ainda essa prática autêntica, e Cipião, tropeçando ao pisar o solo de Cartago, exclama, abrindo muito os braços na queda, a fórmula da vitória: *Teneo te, Terra Africana!*.[22] Aquilo que queria transformar-se num sinal assustador, em imagem de desgraça, é por ele ligado de forma viva ao instante, e ele próprio se torna *fatotum* do seu corpo. Foi por essa via que as antigas práticas ascéticas do jejum, da castidade, da vigília celebraram os seus máximos triunfos. Todas as

---

[21] O arco, feito de três lanças, por onde os Samnitas obrigaram os Romanos, derrotados em Caudium (no ano 321 a.C.), a passar desarmados.

[22] *És minha, terra africana!*

manhãs o dia está aí, como uma camisa lavada em cima da nossa cama; esse tecido incomparavelmente fino e incomparavelmente resistente da mais pura profecia assenta-nos como uma luva. A felicidade das próximas vinte e quatro horas depende de sabermos ou não agarrá-lo ao acordar.

Bengaleiro de máscaras

Quem traz a notícia de uma morte acha-se uma pessoa muito importante. Essa sua sensação – ainda que à margem de qualquer explicação racional – faz dele um mensageiro do mundo dos mortos. Pois a comunidade de todos os mortos é tão grande que até aquele que se limita a anunciar a morte a sente. Entre os Romanos, *ad plures ire*[23] significava morrer.

Em Bellinzona reparei em três sacerdotes na sala de espera da estação. Estavam sentados num banco na diagonal do meu lugar. Eu observava com atenção os gestos do que estava ao meio e se distinguia dos seus irmãos por um pequeno capuz vermelho. Fala com eles com as mãos postas sobre o colo; só de vez em quando levanta levemente ou move uma ou a outra. Penso: a mão direita tem sempre de saber o que faz a esquerda.

Quem não terá já alguma vez saído do *métro* e ficado surpreendido ao encontrar-se, lá em cima, na luz intensa do sol? E no entanto uns minutos antes, quando entrou, o sol brilhava com a mesma intensidade. Esqueceu bem depressa como estava o tempo no mundo cá em cima. E este o esquecerá com a mesma rapidez. Pois quem poderá dizer da sua existência mais do que isto: que passou, tão delicadamente e tão perto quanto o tempo, pela vida de dois ou três semelhantes?

Em Shakespeare, em Calderón, sucede com frequência que o último ato é preenchido por lutas, e reis, príncipes, escudeiros e séquito "entram em cena fugindo". O momento em que se tornam visíveis para os espectadores os fará parar. A cena põe fim à fuga das personagens dramáticas. A entrada no campo de visão de quem lhes é estranho e verdadeiramente superior dá àqueles que estão nas mãos do destino a possibilidade de tomar fôlego e envolve-os em novo ar. Daqui vem o significado oculto da entrada em palco daqueles que vêm "fugindo".

---

[23] "Ir para junto dos que são muitos".

A leitura dessa fórmula é acompanhada da expectativa de um lugar, de uma luz ou de uma ribalta onde também a nossa fuga através da vida pudesse estar a salvo dos olhares de observadores estranhos.

Agência de apostas

A existência burguesa é o regime dos assuntos privados. Quanto mais importante e cheio de consequências for um modo de comportamento, tanto mais aquela o dispensa de controle. Fé política, situação financeira, religião – tudo isso quer esconder-se, e a família é a construção podre e sinistra em cujos cubículos e recantos se instalaram os mais sórdidos instintos. O filisteísmo proclama a privatização total da vida amorosa. Assim, fazer a corte à mulher transformou-se num processo mudo e crispado a sós, e esse modo de fazer a corte, totalmente privado, desvinculado de qualquer responsabilidade, é o que há de realmente novo no *flirt*. Contra isso, o tipo proletário e o feudal assemelham-se pelo fato de, nesse processo, terem de vencer não tanto a mulher, mas os seus concorrentes. Mas isso é um sinal de muito mais profundo respeito pela mulher, e não apenas da sua "liberdade"; significa estar disposto a seguir a sua vontade sem lhe perguntar opinião. Feudal e proletária é a transferência dos momentos eróticos para a esfera pública. Mostrar-se com uma mulher nesta ou naquela ocasião pode significar mais do que dormir com ela. E, consequentemente, também no casamento aquilo que conta não é a estéril "harmonia" dos cônjuges: tal como o filho que nasce, também a força espiritual do casamento se manifesta como efeito excêntrico das suas lutas e da sua concorrência.

Cerveja ao balcão

Os marinheiros raramente vêm a terra; o serviço no alto mar é uma licença de domingo, quando comparado com o trabalho nos portos, onde muitas vezes têm de carregar e descarregar dia e noite. E quando chega a licença em terra para um dos turnos, já é noite. Na melhor das hipóteses, a catedral distingue-se ainda, maciço sombrio, no caminho para a taberna. A cervejaria é a chave de qualquer cidade; saber onde se pode beber cerveja alemã é quanto basta no que a conhecimentos de geografia e etnologia se refere. A taberna para marinheiros alemães desdobra o mapa noturno da cidade: não é difícil encontrar o caminho daí até ao bordel e às outras tabernas. O seu nome cruza há dias as conversas de mesa. Depois de zarparem de um porto, os homens, um após outro, começam a içar, como pequenas bandeirolas, os nomes por que são conhecidos locais e salões de dança, belas mulheres e pratos nacionais do porto que se segue. Mas quem é que sabe se desta vez irão a terra? Por isso, mal o navio fez a declaração de carga e atracou, já entraram a bordo vendedores de lembranças locais: colares e postais ilustrados, quadros a óleo, navalhas e estatuetas de mármore. A cidade não é visitada, mas é comprada. À mala do marinheiro vão parar o cinto de cabedal de Hong Kong, uma vista de Palermo e o retrato de uma moça de Stettin. E assim é também a sua verdadeira casa. Nada sabem da distância nebulosa que, aos olhos dos burgueses, esconde mundos estranhos. O que em cada cidade se lhes impõe em primeiro lugar é o serviço a bordo, e depois a cerveja alemã, o sabão de barbear inglês e o tabaco holandês. O que é de norma na indústria internacional está presente e impregna-os até aos ossos, não se deixam levar por palmeiras e *icebergs*. O marinheiro "devorou" a proximidade, e só os mínimos pormenores lhe dizem alguma coisa. Distingue melhor os países pelo modo de cozinhar o peixe do que pela arquitetura ou a paisagem. Está de tal modo familiarizado com o pormenor que para ele as rotas oceânicas, em que se cruza com outros navios (cumprimentando com o apito das sirenes os da sua própria companhia), se tornam estradas barulhentas em que temos de nos desviar para dar passagem. Em pleno mar alto vive numa cidade onde na Cannebière marselhesa se encontra uma taberna de Port Said quase em frente de um bordel de Hamburgo e o Castel dell'Ovo napolitano na Plaza Cataluña de Barcelona. Para os oficiais, a cidade natal ainda vem em primeiro lugar. Mas para o grumete ou para o fogueiro, aqueles cuja força de trabalho transportada mantém contato direto com as mercadorias no porão, os portos que se cruzam já não são pátria, mas berço. E ao ouvi-los apercebemo-nos de quanta mentira se esconde no viajar.

Proibida a entrada a mendigos e vendedores ambulantes!

Todas as religiões tiveram grande respeito pelos mendigos, porque estes são a prova de que o espírito e a regra, as consequências e o princípio falham vergonhosamente numa coisa tão singela e banal quanto sagrada e vivificante como era a esmola.

Queixamo-nos dos mendigos nos países do sul e esquecemo-nos de que a insistência com que se nos colam é tão legítima quanto a obstinação do estudioso perante um texto difícil. Não há sombra de hesitação, não há indício, ainda que imperceptível, de vontade ou reflexão que eles não leiam na nossa fisionomia. A telepatia do cocheiro que, com o seu chamamento, nos vem realmente mostrar que não diríamos não a uma voltinha, e a do vendedor que, do meio da sua quinquilharia, mostra o único colar ou camafeu que nos poderia atrair têm a mesma natureza.

Para o planetário

Se, como Hillel[24] fez em tempos para a doutrina judaica, quiséssemos formular com a maior concisão, assentando num só pilar, a doutrina da Antiguidade, teríamos de chegar à fórmula: "A Terra pertencerá apenas àqueles que vivem das forças do cosmos". Nada distingue mais o homem antigo do moderno do que a sua entrega a uma experiência cósmica que este último mal conhece. O declínio dessa faculdade anuncia-se já no florescimento da astronomia no início da Idade Moderna. Kepler, Copérnico, Tycho Brahe não foram certamente movidos apenas por impulsos científicos. Apesar disso, há na acentuação exclusiva de uma ligação ótica com o universo, a que a astronomia a breve trecho levou, um sinal daquilo que estaria para vir. A relação antiga com o cosmos processava-se de outro modo: pelo êxtase. De fato, o êxtase é a experiência pela qual nos asseguramos do que há de mais próximo e de mais distante, e nunca de uma coisa sem a outra. Mas isso significa que só em comunidade o homem pode comunicar com o cosmos em êxtase. A desorientação que ameaça os modernos vem-lhes de considerarem essa experiência irrelevante e desprezível e de a verem apenas como vivência contemplativa individual em belas noites estreladas. Não, ela voltará sempre a impor-se, e então

---

[24] Hillel: sábio judeu que viveu na segunda metade do último século antes de Cristo e aproximadamente no primeiro quartel do século I da nossa era. Fundador e grande mestre da exegese bíblica e primeiro nome importante da tradição talmúdica do judaísmo.

nem povos nem gerações lhe escaparão, como se viu, da forma mais terrível, na última guerra, que foi uma tentativa de religação, nova e inaudita, com as forças cósmicas. Massas humanas, gases, energias elétricas foram lançados em campo aberto, correntes de alta frequência atravessaram as paisagens, novos astros apareceram no céu, o espaço aéreo e as profundezas dos mares ressoavam de hélices, e por toda parte se escavavam fossas sacrificiais na terra-mãe. Esse grande assédio feito ao cosmos consumou-se pela primeira vez à escala planetária, isto é, no espírito da técnica. Mas como a avidez de lucro da classe dominante pensava satisfazer a sua vontade à custa dela, a técnica traiu a humanidade e transformou o tálamo nupcial num mar de sangue. A dominação da natureza, dizem os imperialistas, é a finalidade de toda técnica. Mas quem confiaria num mestre da palmatória que declarasse como finalidade da educação a dominação das crianças pelos adultos? Não será a educação, antes de mais nada, a indispensável ordenação das relações entre as gerações, e, portanto, se quisermos falar de dominação, a dominação dessas relações geracionais, e não das crianças? Assim também a técnica não é dominação da natureza: é a dominação da relação entre a natureza e a humanidade. É certo que os homens, enquanto espécie, estão há dezenas de milhares de anos no fim da sua evolução; mas a humanidade, enquanto espécie, está no começo. A técnica organiza para ela uma *physis* na qual o seu contato com o cosmos se constitui de forma nova e diferente do que acontece com os povos e as famílias. Basta lembrar a experiência com velocidades por meio das quais a humanidade se prepara agora para viagens vertiginosas ao interior do tempo, para deparar aí com ritmos que servirão para fortalecer os doentes, como antes o faziam em altas montanhas ou nos mares do Sul. Os lunaparques são uma prefiguração dos sanatórios. O terror da autêntica experiência cósmica não se liga àquele minúsculo fragmento de natureza que nos habituamos a designar de "natureza". Nas noites de destruição da última guerra, uma sensação semelhante à felicidade do epiléptico abalava a estrutura da humanidade. E as revoltas que se lhe seguiram foram a primeira tentativa de dominar o seu novo corpo. O poder do proletariado é o índice do seu processo de cura. Se a sua disciplina não o penetrar até a medula, nenhum argumento pacifista o salvará. O ser vivo só supera a vertigem da destruição no êxtase da procriação.

Infância berlinense: 1900
(Versão de última mão)

*Oh, coluna da vitória, tostadinha, polvilhada
com o açúcar invernal dos dias da infância.*[1]

\<Palavras prévias\>

No ano de 1932, quando me encontrava no estrangeiro, começou a tornar-se claro para mim que em breve teria de me despedir por longo tempo, talvez para sempre, da cidade em que nasci.

Por mais de uma vez tinha sentido, no mais íntimo de mim, que o procedimento da vacinação me era benéfico. Guiei-me por essa intuição também nessa nova situação e apelei deliberadamente àquelas imagens que no exílio costumam despertar mais fortemente a nostalgia – as da infância. Mas o sentimento de nostalgia não podia, nesse caso, sobrepor-se ao espírito, tal como a vacina não pode tomar conta de um corpo saudável. Procurei conter esse sentimento recorrendo ao ponto de vista que me aconselhava a seguir a irreversibilidade do tempo passado, não como qualquer coisa de casual e biográfico, mas sim de necessário e social.

---

[1] A epígrafe resultou de alguns versos escritos por Benjamin sob o efeito do haxixe, reproduzidos na íntegra por G. Scholem no posfácio à edição de *Berliner Chronik* [Crônica Berlinense], Frankfurt/Main, 1970, p. 132.

O resultado foi que os traços biográficos, que se revelam mais na continuidade do que na profundidade da experiência, recuam completamente para um plano de fundo nessas tentativas. E com eles as fisionomias – tanto as da minha família como as dos companheiros de escola. Procurei, pelo contrário apoderar-me das *imagens* nas quais se evidencia a experiência da grande cidade por uma criança da classe burguesa.

Não me custa acreditar que tais imagens estão destinadas a ter um destino muito próprio. Elas não estão ainda presas a formas pré-definidas como aquelas que se oferecem há séculos, com referência ao sentimento da natureza, às recordações de uma infância passada no campo. Pelo contrário, as imagens da minha infância na grande cidade talvez estejam predestinadas, no seu núcleo mais íntimo, a antecipar experiências históricas posteriores. Espero que pelo menos nestas imagens se possa notar como aquele de quem aqui se fala prescindiu mais tarde do aconchego e da proteção que foram apanágio da sua infância.

Varandas[2]

Como uma mãe que aperta ao peito o recém-nascido sem o acordar, assim a vida trata durante muito tempo a recordação ainda tênue da infância. Nada alimentou mais a minha do que o olhar sobre os pátios entre cujas varandas escuras havia uma, ensombrada por toldos no verão, que foi para mim o berço onde a cidade deitou o seu novo habitante. As cariátides que suportavam a varanda do andar de cima poderiam talvez ter deixado por um momento o seu lugar para cantarem junto desse berço uma canção que, se na verdade não dizia quase nada do que mais tarde me esperaria, por outro lado continha a fórmula mágica que levaria a que o ar desses pátios permanecesse sempre um encantamento para mim. Creio que havia ainda um prolongamento desse ar nos vinhedos de Capri onde um dia abracei a amada; e é esse também o ar em que respiram as imagens e alegorias que dominam o meu pensamento, como as cariátides nas alturas das varandas sobre os pátios nos bairros da zona ocidental de Berlim.

O ritmo do trem e do bater dos tapetes embalava-me até adormecer. Era o molde onde se formavam os meus sonhos. Primeiro, os

---

[2] No original *Loggien*, varandas suportadas por colunas, caraterísticas da arquitetura italiana.

mais indistintos, talvez atravessados por uma onda de água ou pelo cheiro do leite; depois, os mais prolongados, sonhos de viagens e de chuva. A primavera fazia despontar aqui os primeiros rebentos contra a fachada cinzenta das traseiras; e mais tarde, quando o ano já ia avançado e uma folhagem empoeirada roçava mil vezes ao dia a parede da casa, o som do roçar dos ramos queria ensinar-me qualquer coisa para a qual ainda não estava preparado. Pois tudo naquele pátio se transformava para mim em aceno. Quantas mensagens não havia no gemer das venezianas verdes ao serem subidas, e quantas más notícias não deixava eu sensatamente por abrir no estrondo das persianas a fecharem-se ruidosamente ao cair do dia!

O lugar do pátio onde se encontrava a árvore era, porém, aquele que mais vezes me atraía. Era uma abertura na calçada, na qual tinha sido encaixado um aro de ferro, com barras metálicas que formavam um gradeamento que delimitava a zona de terra nua. Parecia-me que alguma razão haveria para o modo como estava implantada aquela proteção; às vezes punha-me a pensar sobre o que se passava dentro da cavidade negra de onde saía o tronco. Mais tarde alarguei essas meditações aos pontos de paragem dos fiacres. As árvores eram aí plantadas da mesma maneira, mas tinham ainda uma cerca à volta. Os cocheiros penduravam as suas capas na cerca enquanto enchiam o bebedouro dos cavalos, escavado no passeio, com o jato de água que varria os restos de feno e aveia. Esses lugares de espera, cujo sossego só raramente era interrompido pelas chegadas e partidas dos fiacres, eram para mim as províncias mais afastadas do meu pátio.

As cordas da roupa atravessavam a varanda de uma parede à outra; a palmeira tinha um ar tanto mais desabrigado quanto há muito tempo o continente negro tinha cedido ao salão do lado o papel de ser sua terra natal. Assim o quis a lei do lugar em volta do qual em tempos haviam girado os sonhos dos locatários. Antes que ele caísse no esquecimento, já a arte por vezes tomara a iniciativa de transfigurá-lo. Uma lanterna, um bronze ou uma jarra chinesa invadiam agora o seu território. E embora essas antiguidades raramente fizessem honras ao lugar, adequavam-se àquilo que ele próprio tinha de antiquado. O vermelho de Pompeia que corria numa faixa larga ao longo da sua parede era o fundo propício para as horas que se acumulavam nesse espaço isolado. O tempo envelhecia nesses aposentos que davam para os pátios. Era por isso que a manhã, quando eu a encontrava na nossa varanda, parecia ser manhã há mais tempo e era mais igual a si mesma do que em qualquer outro lugar. Aqui, eu nunca conseguia esperar por ela, era sempre ela a esperar por mim. Estava sempre já lá, como que fora de moda, quando eu finalmente dava por ela aí.

Mais tarde redescobri os pátios a partir da linha da estrada de ferro. Quando, em tardes abafadas de verão, olhava para eles lá em baixo, à janela do trem, o verão parecia ter ficado preso neles e renunciado à paisagem. E os gerânios, olhando das caixas com as suas flores vermelhas, ajustavam-se menos a eles do que os colchões vermelhos pendurados de manhã nos parapeitos para arejar. Na varanda sentávamo-nos em cadeiras de ferro a imitar troncos ou revestimento de verga. Íamos buscá-las quando à tardinha se reunia na varanda o círculo de leitura. A luz do gás caía do seu cálice flamejante de vermelho e verde sobre os livros de bolso da coleção Reclam. O último suspiro de Romeu perdia-se pelo nosso pátio em busca do eco que o esperava no túmulo de Julieta.

As varandas mudaram menos desde a minha infância do que as outras divisões. Mas não é só por isso que as sinto mais próximas. É antes pelo consolo que a sua inabitabilidade traz a quem, por assim dizer, já não consegue viver em lugar nenhum. Nelas, a habitação do berlinense encontra a sua fronteira. Berlim – o próprio deus da cidade – começa aí. Está aí de forma tão presente que nada que seja transitório se pode afirmar a seu lado. Sob a sua proteção, o lugar e o tempo encontram-se a si mesmos, e um ao outro. Ambos se deitam aí a seus pés. Mas a criança que um dia se aliou a eles instala-se, confundindo-se com o seu grupo, na sua varanda como num mausoléu que havia muito tempo lhe estava destinado.

Panorama imperial[3]

Eram fascinantes as paisagens que se podiam ver no Panorama Imperial, ainda mais porque se podia começar a volta por qualquer ponto. Pois como o ciclorama e os lugares em frente tinham forma circular, cada uma das estampas passava por todas as posições, das quais

---

[3] Ver nota 3, página 17.

se via, através de um par de orifícios, a sua distância levemente colorida. Lugares, arranjavam-se sempre. E em especial na fase final da minha infância, quando a moda já começava a voltar costas aos Panoramas Imperiais, habituávamo-nos a circunviajar em salas meio vazias.

No Panorama Imperial não havia música, que torna as viagens no cinema tão cansativas. Havia um efeito insignificante, de fato perturbador, que a mim me parecia superior à música. Era um toque de campainha, que soava poucos segundos antes de a imagem desaparecer num salto, para, depois de um intervalo, aparecer a seguinte. E de cada vez que ela soava, a melancolia da despedida impregnava os montes até ao sopé, as cidades com as suas janelas cintilantes, as estações com o seu fumo amarelado, as vinhas até a mais ínfima folha. Convencia-me de que era impossível esgotar dessa vez o esplendor da paisagem. E depois vinha o propósito, nunca cumprido, de voltar no dia seguinte. Mas antes de eu me decidir toda a construção, da qual apenas um tapume de madeira me separava, estremecia; a imagem vacilava na sua pequena moldura para desaparecer rapidamente da minha vista, deslocando-se para a esquerda.

As artes que aqui perduraram morreram com o século XX. Quando este começou, as crianças eram já o seu último público. Os mundos distantes nem sempre lhes eram estranhos. Acontecia que a nostalgia que eles despertavam não as chamava para o desconhecido, mas para casa. Assim é que uma bela tarde eu me quis convencer, diante da imagem da cidadezinha de Aix, que já tinha brincado na calçada que é guardada pelos plátanos do Cours Mirabeau.

Se chovia, não perdia muito tempo lá fora, diante da lista das cinquenta imagens. Entrava e encontrava nos fiordes e debaixo dos coqueiros a mesma luz que à tarde iluminava a minha escrivaninha, quando fazia os trabalhos de casa. A não ser que um defeito de iluminação provocasse subitamente a perda de cor da paisagem. Então, ela ficava muda, debaixo do seu céu de cinza; era como se eu tivesse ainda podido ouvir o vento e os sinos, se tivesse prestado mais atenção.

A Coluna da Vitória

Destacava-se na grande praça como as datas a vermelho nos calendários de bloco. Deveria ter sido arrancada com o último dia de

Sedan.[4] Quando eu era pequeno ninguém imaginava um ano sem o dia de Sedan. Depois da batalha de Sedan, tudo o que restou foram paradas. Assim, quando, em mil novecentos e dois, Ohm Krüger[5] desfilou de carro pela Tauentzienstraße, eu estava com a minha governanta na fila de espectadores, para admirar um senhor que, de chapéu alto na cabeça, se recostava no banco e tinha "conduzido uma guerra". Era o que se dizia. A mim a coisa pareceu-me grandiosa, mas pouco limpa; como se o homem tivesse "conduzido" um rinoceronte ou um dromedário e ganhado com isso a sua fama. Aliás, que coisa poderia ter acontecido depois de Sedan? Com a derrota dos franceses, parecia que a história universal tinha descido ao seu glorioso túmulo, sobre o qual essa coluna era agora a estela.

Quando era aluno do terceiro ano do liceu, subi os degraus que levavam aos soberanos da alameda da Vitória; mas só me interessei pelos dois vassalos que coroavam, de ambos os lados, a parte de trás do conjunto de mármore. Eram mais baixos que os seus senhores, e mais fáceis de ver. De todos eles, o que mais me agradava era o bispo, com a catedral na mão direita enluvada. Eu já conseguia fazer uma maior com o meu jogo de peças de construção. Desde essa altura não olho para nenhuma Santa Catarina sem procurar a sua roda, para nenhuma Santa Bárbara sem perguntar pela sua torre.

Tinham-me explicado de onde vinham os adornos da Coluna da Vitória. Mas eu não tinha entendido bem o que acontecera com aqueles canos de canhão: se os franceses tinham ido para a guerra com canhões de ouro, ou se o ouro que lhes tínhamos roubado nos tinha servido para fundirmos esses canhões. A base da coluna era envolvida por um deambulatório que permitia dar a volta completa. Eu nunca entrei nesse espaço, cheio de uma luz mortiça, refletida pelo dourado dos frescos. Tinha medo de encontrar aí quadros que me lembrassem as imagens que um dia encontrei num livro com que deparei no salão

---

[4] No dia de Sedan (2 de setembro), comemorava-se a vitória sobre as tropas de Napoleão III em 1870, na batalha de Sedan, que pôs fim às guerras franco-prussianas. A Coluna da Vitória foi inaugurada em Berlim em 2 de setembro de 1873.

[5] *Ohm Krüger* (o tio Krüger) é uma referência ao colono e general alemão Paul Krüger, figura destacada da segunda Guerra dos Boers na África do Sul (1899-1902). *Ohm Krüger* é também o título do filme de propaganda nazi antibritânica realizado em 1941 por Emil Jannings.

de uma velha tia. Era uma edição de luxo do *Inferno* de Dante. Achava que os heróis cujos feitos bruxuleavam na galeria da Coluna deviam ser tão suspeitos quanto as multidões sujeitas à penitência, fustigadas por ventos em turbilhão, enxertadas em troncos de árvore sangrentos, congeladas em glaciares. Por isso esse deambulatório era o inferno, a antítese do círculo da graça que envolvia a resplandecente Vitória lá no alto. Em certos dias havia pessoas lá em cima. Contra o céu, pareciam-me ter contornos negros como as figurinhas dos álbuns de recortar e colar. Não lançava eu mão de tesoura e cola para, depois de terminada a construção, distribuir bonecos semelhantes pelos portais, nichos e parapeitos de janelas? As pessoas lá em cima, naquela luz, eram criaturas de uma arbitrariedade feliz como essa, envoltas num eterno domingo. Ou seria um eterno dia de Sedan?

O telefone

A explicação pode estar na construção dos aparelhos ou na memória – mas o certo é que o ruído das primeiras conversas telefônicas ecoa no meu ouvido de modo muito diferente das atuais. Eram ruídos noturnos. Nenhuma musa os transmitia. A noite de onde vinham era a mesma que antecede qualquer verdadeiro nascimento. E era a voz de um recém-nascido aquela que cochilava nos aparelhos. Nesse exato momento o telefone tornou-se o meu irmão gêmeo. Pude assistir à superação das humilhações dos seus primeiros anos. Pois, numa altura em que os lustres, os guarda-fogos e as palmeiras de interior, os consoles, as mesinhas redondas e as balaustradas das varandas, que antigamente se destacavam nas salas de entrada, já estavam havia muito envelhecidos e esquecidos, o aparelho, qual herói lendário isolado no desfiladeiro da montanha, deixando para trás o corredor, fazia a sua entrada real nas salas aligeiradas e mais claras, habitadas por uma geração mais nova. Para esta, ele era o consolo da solidão. Para os desesperados que queriam deixar este mundo imperfeito, ele brilhava com a luz da última esperança. Partilhava a cama com os abandonados. Agora que todos esperavam pela sua chamada, a voz estridente que lhe viera do exílio soava mais quente e abafada.

Muito poucos dos que usam o aparelho conhecem a devastação que o seu aparecimento causou no seio das famílias. O toque que soava entre as duas e as quatro, sempre que um colega meu desejava falar comigo, era um sinal de alarme que punha em perigo não apenas a sesta dos meus pais, mas também a época em pleno centro da qual eles se lhe entregavam. Em regra seguiam-se divergências de opinião com a companhia, para já não falar das ameaças e imprecações que o meu pai soltava contra os serviços de reclamações. Mas as suas verdadeiras orgias vinham-lhe da manivela, à qual se entregava durante minutos, até se esquecer de si. A sua mão transformava-se então num dervixe dominado pelo transe. O meu coração palpitava, tinha a certeza de que nesses casos a funcionária corria sérios riscos de apanhar uma bofetada pelo seu desleixo.

Nesse tempo, o telefone lá estava, desfigurado e enjeitado, entre o cesto da roupa suja e o gasômetro, num canto do corredor das traseiras, a partir do qual o seu toque ampliava os sobressaltos da casa de Berlim. E quando eu, a muito custo senhor dos meus sentidos, lá chegava depois de muito tatear ao longo daquele tubo escuro para pôr fim à rebelião, arrancando os dois auscultadores, pesados como halteres, e metendo a cabeça entre eles, ficava sem apelo nem agravo entregue à voz que falava do outro lado. Nada podia atenuar o poder com que ela atuava sobre mim. Impotente, deixava que ela me anulasse a noção do tempo, dos meus propósitos e deveres. E tal como o *medium* obedece à voz que, do lado de lá, o domina, eu me rendia à primeira proposta que me chegava através do telefone.

Caça às borboletas

Antes de eu entrar na escola, e sem prejuízo de algumas viagens de verão, íamos todos os anos para casas de veraneio nos arredores. Durante muito tempo, essas estadas foram-me recordadas pela espaçosa caixa na parede do meu quarto de rapaz, onde se viam os começos de uma coleção de borboletas cujos exemplares mais antigos foram caçados no jardim do Brauhausberg. As borboletas-da-couve com as bordas cortadas, as borboletas-limão de asas muito lustrosas, traziam-me à memória caçadas ardentes que tantas vezes me tinham levado para longe dos caminhos bem arranjados do jardim, para brenhas onde, impotente, enfrentava as conjurações do vento e dos cheiros, da folhagem e do sol, que provavelmente orientavam o voo das borboletas.

Voavam para uma flor, ficavam a pairar por cima dela. Com a rede no ar, eu só esperava que o poder de atração que a flor parecia exercer sobre o par de asas completasse o seu trabalho; então, o frágil corpo deslizava com leves impulsos laterais, para, igualmente imóvel, ir sombrear outra flor e mais uma vez a deixar com a mesma rapidez, sem lhe tocar. Quando uma vanessa ou uma esfinge, que eu facilmente poderia apanhar, me enganava hesitando, desviando-se, esperando, eu bem gostaria de me dissolver em luz e ar para me poder aproximar e dominar a presa. E o desejo realizava-se na medida em que cada batimento ou oscilação das asas, que me fascinava, me tocava com o seu sopro ou me fazia estremecer. Começava a impor-se entre nós a velha lei dos caçadores: quanto mais eu me confundia com o animal em todas as minhas fibras, quanto mais eu me tornava borboleta no meu íntimo, tanto mais aquela borboleta se tornava humana em tudo o que fazia, até que, finalmente, era como se a sua captura fosse o único preço que me permitia recuperar a minha condição humana. Mas quando tudo acabava era penoso fazer o caminho desde o lugar da caçada feliz até o acampamento, onde o éter, o algodão, os alfinetes de cabeças coloridas e as pinças apareciam na caixa de herborista. E em que estado ficava o terreno atrás de mim! Ervas partidas, flores pisadas; o próprio caçador empenhara o próprio corpo, deixando-se arrastar pela rede. E no meio de tanta destruição, insensibilidade e violência, a borboleta assustada lá continuava, a tremer e apesar disso graciosa, numa dobra da rede. Enquanto fazia esse caminho penoso, o caçador era assaltado pelo espírito daquele que está destinado a morrer. Quanto à língua estranha em que aquela borboleta e as flores se tinham entendido diante dos seus olhos, agora também ele tinha aprendido algumas das suas leis. A sua ânsia de matar diminuíra na mesma proporção em que a sua confiança aumentara.

O ar em que aquela borboleta voltejava está hoje totalmente impregnado de uma palavra que desde há decênios não me passa pelos ouvidos nem pelos lábios. Conservou aquele lado insondável com que os nomes da infância se apresentam aos adultos. O longo tempo de silenciamento transfigurou-as. É assim que vibra, no ar cheio de borboletas, a palavra "Brauhausberg".[6] A nossa casa de verão ficava no Brauhausberg, perto de Potsdam. Mas o nome perdeu todo o peso, já nada contém que se relacione com uma fábrica de cerveja, é quando muito um monte envolvido no azul, e que no verão se erguia para nos

---

[6] Literalmente: "Monte da fábrica de cerveja".

receber, a mim e aos meus pais. Por isso a Potsdam da minha infância se destaca de um ar tão azul que parece que as bruxas e almirantes, olhos-de-pavão e auroras que aí esvoaçavam se espalham sobre um daqueles brilhantes esmaltes de Limoges em que se recortam, sobre fundo azul escuro, as ameias e as muralhas de Jerusalém.

Tiergarten[7]

Não há nada de especial em não nos orientarmos numa cidade. Mas perdermo-nos numa cidade, como nos perdemos numa floresta, é coisa que precisa de se aprender. Os nomes das ruas têm então de falar àquele que por elas deambula como o estalar de ramos secos, e as pequenas vielas no interior da cidade mostrar-lhe a hora do dia com tanta clareza quanto um vale na montanha. Aprendi tarde essa arte; ela preencheu o sonho cujos primeiros vestígios foram os labirintos nos mata-borrões dos meus cadernos. Não, os primeiros não, porque antes deles houve um que lhes sobreviveu. O caminho para esse labirinto, a que não faltou a sua Ariadne, passava pela Ponte Bendler, cuja suave curvatura foi para mim a primeira encosta de uma colina. Não muito longe da sua base ficava o objetivo: o Frederico Guilherme e a rainha Luísa. Elevavam-se dos canteiros sobre os seus pedestais redondos, como que enfeitiçados pelas curvas mágicas que um curso de água desenhava na areia à sua frente. Mas eu gostava mais de me voltar para os pedestais do que para os soberanos, porque aquilo que aí se passava, se bem que pouco claro no conjunto, estava mais perto no espaço. Desde cedo percebi que há qualquer coisa de especial nesse parque labiríntico; percebi-o pelo terreiro largo e banal que em nada deixava adivinhar que aqui, a poucos passos do caminho dos fiacres e carruagens, dormita a parte mais preciosa do parque.

Chegou-me cedo um sinal disso. Aqui, ou não muito longe, deve ter sido o refúgio daquela Ariadne em cuja proximidade compreendi pela primeira vez aquilo que só mais tarde me caberia como palavra: amor. Infelizmente, surge na fonte desse refúgio a "Fräulein", como sombra fria sobre ela deitada. E assim esse parque, que como nenhum outro as crianças acham aberto, apresentava-se-me atravancado de coisas

---

[7] Grande parque no centro de Berlim.

difíceis e inviáveis. Muito raramente distinguia os peixes no lago dos peixes dourados. A alameda dos Caçadores da Corte tinha um nome que prometia muito, mas cumpria pouco. Em vão procurava os arbustos onde se levantava, com as suas torrezinhas vermelhas, brancas, azuis, um quiosque no estilo das construções com blocos de madeira. Cada primavera traz-me de volta, sem esperanças, o meu amor pelo príncipe Luís Fernando, a cujos pés nasciam os primeiros crocos e narcisos. Um curso de água, que me separava deles, tornava-os tão intocáveis quanto se estivessem debaixo de uma redoma de vidro. Tinha de ser assim a realeza, fria na sua beleza; e eu compreendi por que razão Luise von Landau, com quem me encontrara no nosso círculo de estudo[8] até a sua morte, tivera de morar na Lützowufer, mesmo em frente da pequena mata que alimenta as suas flores com as águas do canal.

Mais tarde descobri novos recantos; sobre outros vim a saber mais coisas. Mas nenhuma moça, nenhuma vivência, nenhum livro foram capazes de me dizer alguma coisa de novo sobre este. Por isso, quando, trinta anos mais tarde, um conhecedor da terra, camponês de Berlim, me ajudou a regressar com ele depois de ambos termos estado muito tempo fora da cidade, os seus caminhos sulcaram este jardim, ao qual lançou as sementes do silêncio. Seguiu pelas veredas, e todas lhe pareciam íngremes. Levavam a um fundo, se não até o reino das Mães de todo o ser, certamente ao deste jardim. Os seus passos ecoavam no asfalto que pisava. O gás que iluminava o pavimento lançava sobre este chão uma luz ambígua. As pequenas escadas, os alpendres sustentados por colunas, os frisos e as arquitraves das *villas* do Tiergarten, tudo isso era pela primeira vez por nós tomado à letra. Acima de tudo as escadas, ainda as mesmas, com as suas vidraças, se bem que no interior das habitações muita coisa tivesse mudado. Sei ainda os versos que, depois da escola, preenchiam os intervalos dos batimentos do meu coração quando fazia uma paragem ao subir a escada. Surgiram-me de uma luz difusa que vinha da vidraça onde uma mulher, pairando como a Madonna da Capela Sistina, saía do nicho com uma grinalda nas mãos. Aliviando com os polegares as correias da pasta nos ombros, li: "O trabalho é a honra do cidadão / A bênção é o prêmio do esforço". Lá em baixo, a porta fechava-se

---

[8] O círculo da professora, Fräulein Pufahl: ver, adiante, o texto "Duas imagens enigmáticas", p. 85.

com um suspiro, como um fantasma que descesse ao túmulo. Lá fora talvez chovesse. Uma das vidraças coloridas estava aberta, e eu continuava a subir a escada ao ritmo das gotas.

Entre as Cariátides e os Atlantes, os *putti* e as Pomonas que nessa altura olhavam para mim, os que mais me atraíam eram os daquela estirpe poeirenta dos senhores dos umbrais, que guardam a entrada na existência ou numa casa. Porque esses sabem da arte da espera. Por isso, era-lhes indiferente esperar por um estranho, pelo regresso dos antigos deuses ou pela criança que, trinta anos antes, passara pelos seus pés de pasta às costas. Sob o seu signo, o velho bairro ocidental de Berlim transformava-se no lugar antigo de onde sopram os ventos de poente para os navegantes que sobem lentamente o Landwehrkanal com os seus barcos carregados das maçãs das Hespérides, para irem atracar junto à Ponte de Hércules. E, tal como na minha infância, lá estavam a Hidra e o Leão de Nemeia nos arbustos que cercam a Grande Estrela.[9]

Atrasado

O relógio no pátio da escola parecia estar danificado por culpa minha. Marcava a hora "atrasado". E ao corredor chegava, vindo das salas de aula por onde eu passava, o murmúrio de misteriosas conversações. Do lado de lá das portas, professores e alunos eram amigos. Ou então ficava tudo em silêncio, como se esperassem alguém. Imperceptivelmente, levei a mão à maçaneta da porta. O sol banhava de luz o ponto onde me encontrava. E eu, para entrar, profanei o meu dia ainda a nascer. Ninguém parecia conhecer-me, nem mesmo ver-me. Tal como o diabo ficou com a sombra de Peter Schlemihl,[10] também o professor reteve o meu nome no começo da aula. Eu já não ia ser chamado. Trabalhei com os outros em silêncio até o toque da campainha. Mas não havia nisso nada de reconfortante.

---

[9] "Grande Estrela": *Großer Stern*, praça que resulta da confluência de ruas no Tiergarten, e que é uma réplica da Place de l'Étoile em Paris.

[10] Protagonista da história do escritor romântico Adelbert von Chamisso (1781-1838) *Peter Schlemihls wundersame Geschichte*, que vende a sombra ao diabo (tradução portuguesa: *A História Fabulosa de Peter Schlemihl*, trad. e ensaio de João Barrento. Lisboa: Assírio & Alvim, 2005).

Livros para rapazes

Os meus preferidos vinham da biblioteca da escola. Eram distribuídos nas primeiras classes. O diretor de turma dizia o meu nome, e o livro começava o seu trajeto sobre as carteiras, uns passavam-no ao seguinte, ou então pairava sobre as cabeças até chegar àquele que o tinha pedido, neste caso eu. As folhas traziam as marcas dos dedos que as tinham virado. O cordão que rematava a encadernação e sobressaía em cima e em baixo estava sujo. Mas a lombada é que teve de suportar mais maus-tratos, e por isso as duas capas estavam desencontradas e o topo de corte do livro formava escadinhas e terraços. Mas das suas folhas pendiam, como o verão tardio dos ramos das árvores, os ténues fios de uma rede na qual em tempos, quando aprendi a ler, me deixei enredar.

O livro estava em cima de uma mesa demasiado alta para mim. Eu tapava os ouvidos enquanto lia. Mas já tinha ouvido contar histórias assim em silêncio. Não as do meu pai, isso não. Mas às vezes, no inverno, quando estava à janela no quarto aquecido, o redemoinho de neve a cair lá fora me contava histórias em silêncio. É verdade que nunca consegui perceber bem o que ele me contava, porque muita coisa nova se metia sem parar e em grande quantidade entre a matéria já conhecida. Mal eu me tinha ligado mais intimamente a um grupo de flocos, percebia que ele tinha de me entregar a um outro que de repente o invadia. Mas agora tinha chegado o momento de seguir no redemoinho das letras as histórias que me tinham fugido à janela. As terras distantes que nelas encontrava envolviam-se, como os flocos, em jogos familiares umas com as outras. E como a distância, quando neva, já não nos leva para longe, mas para dentro, Babilónia e Bagdá, Akko e Alasca, Tromsö e o Transvaal estavam todas dentro de mim. O ar ameno dos calhamaços que a impregnava insinuava-se, com o seu sangue e o seu verniz, tão irresistivelmente no meu coração que este permanecia para sempre fiel a esses volumes usados.

Ou seria uma fidelidade a outros, mais velhos e mais difíceis de encontrar? Àqueles livros maravilhosos que só me era dado voltar a ver uma vez em sonhos? Que títulos tinham? Eu não sabia, só sabia que eram livros há muito desaparecidos, que eu nunca mais tinha encontrado. Mas agora estavam num armário que eu, ao acordar, sabia nunca ter visto antes. No sonho, o armário parecia-me antigo e bem conhecido. Os livros não estavam arrumados de pé, mas deitados, e no canto das tempestades. Trovejava neles. Se abrisse um, seria levado ao seio da trovoada, onde um texto instável e encoberto se nublava, prenhe de cores. Eram cores borbulhantes e fugidias, que iam sempre dar a um roxo que parecia vir das entranhas de um animal abatido no matadouro. Inomeáveis e pesados de sentido como essa cor roxa eram os títulos, cada um dos quais me parecia mais estranho e ao mesmo tempo mais familiar do que o anterior. Mas antes de me poder apoderar de qualquer um deles já estava acordado, sem ter nem sequer tocado em sonhos nos meus velhos livros de rapaz.

Manhã de inverno

Todos têm uma fada a quem podem pedir a realização de um desejo. Mas só poucos são capazes de se lembrar do desejo que formularam; e por isso só poucos reconhecem mais tarde, ao longo da vida, que o seu desejo foi satisfeito. Eu sei qual é aquele que para mim se realizou, e não diria que é mais sábio que os das crianças nos contos de fadas. Nasceu em mim com o candeeiro que nas manhãs de inverno, às seis e meia, se aproximava da minha cama e projetava no teto a sombra da criada. Ela acendia o fogão. Em breve a chama, que parecia estar encurralada numa gaveta demasiado pequena onde quase não se podia mexer de tanto carvão, olhava para mim. Mas era um fogo tão poderoso aquele que, junto dela, menor do que eu, começava a nascer, que a criada tinha de se curvar muito mais do que para mim. Quando o lume já estava aceso, ela punha uma maçã a assar no forno. Daí a pouco as grades da portinhola desenhavam-se no soalho, num flamejar vermelho. E o meu cansaço imaginava que essa imagem já lhe bastava para o dia inteiro. Era sempre assim a essa hora; só a voz da criada perturbava o recolhimento com que a manhã de inverno costumava casar-me com as coisas do meu quarto. Ainda as persianas não estavam abertas, e já eu destrancava pela primeira vez a portinhola do fogão para ver como estava a maçã. Por vezes, ainda mal se alterara o seu aroma. E eu esperava pacientemente até me parecer sentir o cheiro espumoso que vinha de uma célula da manhã de inverno, mais profunda e mais discreta que o cheiro da árvore na noite de Natal. Lá estava o fruto escuro e quente, a maçã que chegava até mim, familiar e apesar disso mudada, como um velho conhecido depois de uma viagem. Era a viagem através da terra escura do calor do fogão, em que tinha absorvido os aromas de todas as coisas que o dia me reservava. Por isso, sempre que aquecia as mãos nas suas faces lisas, não estranhava a vontade hesitante que sentia de mordê-la. Pressentia que a fugaz mensagem que ela me trazia com o seu aroma me poderia escapar facilmente ao passar pela minha língua. Era a mensagem que por vezes se apoderava tão fortemente do meu coração que me consolava ainda no caminho apressado para a escola. Mas uma vez chegado, o simples toque da carteira fazia regressar, dez vezes maior, todo o cansaço que antes parecia ter-se dissipado. E com ele aquele desejo: poder dormir à vontade. Devo tê-lo pedido um milhar de vezes, e mais tarde realizou-se de fato. Mas muito tempo haveria ainda de passar antes de eu perceber que, sempre que tive esperança de conseguir uma situação e um ganha-pão estáveis, essa esperança foi vã.

Rua de Steglitz, esquina com a rua de Genthin

Naquele tempo não havia infância em que não se destacassem as tias que já não saíam de casa, que estavam sempre à nossa espera quando as visitávamos com a mãe, sempre com a mesma touca preta, o mesmo vestido de seda, acenando quando chegávamos, sempre da mesma poltrona, da mesma varanda. Como fadas que dominam todo um vale sem nunca lá descer, elas comandavam ruas inteiras sem nunca nelas se mostrarem. A tia Lehmann era uma dessas criaturas. O nome sólido, da Alemanha do Norte, garantia-lhe o direito de impor a varanda sob a qual a rua de Steglitz desemboca na de Genthin. Essa esquina é uma das poucas que resistiram às mudanças dos últimos trinta anos. A única diferença é que o véu que as envolvia quando eu era criança desapareceu entretanto. Nessa altura, para mim, o nome não lhe vinha da cidade de Steglitz, mas de um pássaro.[11] E não vivia a tia como um pássaro falante na sua gaiola? Sempre que nela entrava ouvia o chilrear daquele pequeno pássaro negro que tinha vindo voando sobre todos os ninhos e quintas da Marca,[12]

---

[11] *Stieglitz*, "pintassilgo" em alemão.

[12] A Marca de Brandenburgo, região a norte de Berlim, percorrida e longamente descrita, entre outros, por Theodor Fontane nos cinco volumes das *Wanderungen durch die Mark Brandenburg* [Deambulações pela Marca de Brandeburgo], publicados entre 1862 e 1889.

onde outrora vivia dispersa toda a família, e sabia de cor os nomes dos parentes e das vilas, que muitas vezes eram os mesmos. A tia sabia de todos os parentescos, das moradas, das graças e desgraças das famílias Schönflies,[13] Rawitscher, Landsberg, Lindenheim e Stargard, que antes tinham vivido em Brandenburgo e Mecklemburgo como comerciantes de gado e de cereais. Mas agora os seus filhos, talvez já netos, viviam todos aqui no velho bairro ocidental de Berlim, em ruas que traziam nomes de generais prussianos e por vezes também das pequenas cidades de onde eles tinham vindo. Muitas vezes, quando o meu trem expresso, anos mais tarde, passava a alta velocidade por esses lugares perdidos, eu olhava do alto da linha para as pequenas casas, os pátios, os celeiros e as cumeeiras e perguntava a mim mesmo se não teriam sido precisamente esses lugares aqueles cujas sombras os pais daquelas velhas tiazinhas, que em pequeno visitava, haviam deixado atrás de si.

Naquelas casas, uma voz quebradiça e áspera como vidro dava-me bom-dia. Mas em nenhuma era tão bem timbrada e afinada para o que me esperava como a da tia Lehmann. Mal eu entrava, ela diligenciava logo para que colocassem diante de mim o grande cubo de vidro que continha toda uma mina em atividade, onde se movimentavam pontualmente, ao ritmo de um mecanismo de relógio, mineiros, serventes, capatazes, com carros de mão, martelos e lanternas. Esse brinquedo – se assim lhe podemos chamar – vinha de um tempo em que também os filhos de casas burguesas ricas podiam ter uma noção dos locais de trabalho e sua maquinaria. Entre todos, a mina tivera desde sempre um lugar especial, porque mostrava não apenas os te-souros extraídos com trabalho duro, mas também o brilho de prata dos seus veios, que tanto tinham atraído os escritores do Biedermeier, Jean Paul, Novalis, Tieck e Werner.[14]

Essa casa com varanda estava duplamente protegida, como convém a espaços que guardam coisas tão preciosas. Logo a seguir ao portão de

---

[13] Schönflies: Nome de solteira da mãe de Benjamin.

[14] O Biedermeier é uma época artística e literária pós-romântica e de espírito conservador, que a obra de referência de Friedrich Sengle (*Biedermeierzeit*. 3 volumes. Stuttgart, 1971-1977) situa entre 1815 e 1848. Os autores referidos (e outros da mesma época) deixaram-se todos seduzir pelo mundo subterrâneo, precioso e mágico, da mina e dos seus metais, tendo escrito sobre ele narrativas fantásticas e maravilhosas.

entrada encontrava-se, do lado esquerdo do corredor, a porta escura de acesso à habitação, com a sua campainha. Quando ela se abria à minha frente, acedia-se ao andar de cima por uma escada íngreme e de tirar o fôlego, semelhante a outras que mais tarde só voltei a encontrar em casas rurais. À luz fosca que vinha de um candeeiro a gás no teto aparecia uma velha criada, sob cuja proteção eu atravessava o segundo limiar, que dava acesso ao vestíbulo de entrada dessa casa sombria. Mas eu nem podia imaginá-la sem uma daquelas velhas. Como partilhavam com as patroas um tesouro, ainda que apenas de secretas recordações, não só as compreendiam ao pormenor, como também sabiam defendê-las com decência perante pessoas que não fossem da casa. No meu caso, com a maior das facilidades, já que se entendiam melhor comigo do que com a patroa. E eu retribuía com olhares de admiração por elas. Em geral eram figuras fisicamente mais imponentes do que as senhoras que serviam, e acontecia que o salão lá dentro, apesar da mina e dos chocolates, não me dizia tanto quanto o vestíbulo, onde a velha ajudante me aliviava da carga do sobretudo à chegada, e me enfiava o boné na cabeça à saída, como se me quisesse dar a sua bênção.

Duas imagens enigmáticas

Entre os postais da minha coleção havia alguns cujo lado escrito me ficou mais vivamente na memória do que a imagem. Traziam a bela e bem legível assinatura: Helene Pufahl. Era o nome da minha professora. O *P* com que começava era o de preceito, pontualidade, primor; o *f* significava fiel, forte, fiável, e o *l* no fim era a figura de laboriosa, louvável e "louca-pelas-letras". Se assim fosse, essa assinatura, se constasse apenas de consoantes como as das línguas semitas, seria, não apenas o lugar da perfeição caligráfica, mas também a raiz de todas as virtudes.

Os rapazes e as moças das melhores famílias burguesas da zona ocidental faziam parte do círculo de Fräulein Pufahl. Mas não havia grande rigor de classe, e aconteceu que uma aristocrata acabou por entrar nesse círculo burguês. Chamava-se Luise von Landau, e o nome atraiu-me desde logo. Mantém-se vivo em mim até hoje, mas não por essa razão. Foi o primeiro, dentre os da minha idade, sobre o qual ouvi cair o sinal da morte. Aconteceu quando eu, já depois de ter deixado o nosso círculo, frequentava o primeiro ano do liceu. Nessa altura, quando chegava à

Lützowufer, a primeira coisa que procurava com o olhar era a casa dela. Por acaso, ficava em frente a um jardinzinho suspenso sobre a água, na outra margem do canal. E com o tempo liguei tão intimamente o jardim com o nome adorado que por fim me convenci de que o canteiro que ali se mostrava, inacessível, era o cenotáfio da pequena morta.

A Fräulein Pufahl foi substituída pelo professor Knoche. Nessa altura eu já frequentava a escola. Detestava quase tudo o que se passava na sala de aula. No entanto, não é por nenhum dos seus castigos que a memória me traz a imagem do professor Knoche, é pelo ofício de vidente que prevê o futuro. Estávamos na aula de canto coral e ensaiávamos a "Canção dos cavaleiros", do *Wallenstein* de Schiller: "A cavalo, camaradas, sem temor! / Para a liberdade à batalha levado, / É na batalha que o homem tem valor, / Aí, o seu ânimo ainda é testado". O professor Knoche queria saber da classe qual o sentido do último verso. Naturalmente, ninguém sabia responder. Era isso mesmo que o Knoche esperava, e explicava: "Vão entender quando forem grandes".

Naquela altura, a margem da idade adulta parecia-me estar tão separada da minha pelo rio de muitos anos quanto aquela margem do canal da qual o canteiro me lançava o seu olhar e que eu, nos passeios pela mão da criada, nunca pude pisar. Mais tarde, quando o caminho já não me era ditado por ninguém e eu também já entendia a "Canção dos cavaleiros", passava por vezes junto ao canteiro do Landwehrkanal. Mas agora ele parecia florir mais raramente. E do nome que outrora ambos tínhamos fixado, ele nada sabia; e também o verso da canção dos cavaleiros, agora que eu já o entendia, nada retinha do sentido que o professor Knoche para ele augurara na aula de canto coral. O túmulo vazio e o ânimo posto à prova – duas imagens enigmáticas cuja solução a vida me continuará a dever.

Mercado

Antes de mais nada, não se pense que dizíamos *Markt-Halle*. Não, dizia-se *Mark-Thalle*[15]; e como as duas palavras se tinham adulterado

---

[15] A forma correta de pronunciar a palavra é a que corresponde à do primeiro composto: *Markt* [mercado] + *Halle* [pavilhão, recinto]. A segunda poderia ser vista como corruptela que junta os nomes de duas unidades monetárias alemãs, o Marco (*Mark*) e o Táler (*Thaler*), esta já fora de uso na época a que Benjamin se refere.

na rotina linguística, não conservando nenhuma delas o seu sentido original, assim também se adulteraram todas as imagens que se me ofereciam nas minhas andanças de rotina por esse mercado, de tal modo que nenhuma sugeria as acepções originais de comprar e vender. Depois de passarmos o átrio, com as suas pesadas portas que giravam sobre fortes dobradiças espiraladas, o primeiro olhar recaía sobre os ladrilhos escorregadios devido à água das lavagens do peixe e outros produtos, e nos quais se podia escorregar facilmente nas cenouras ou folhas de alface. Por detrás das divisórias de arame, cada uma delas assinalada com um número, pontificavam mulheres de peso, sacerdotisas da venal Ceres, vendedoras de todos os frutos de campo e de pomar, de todas as aves, peixes e mamíferos comestíveis, alcoviteiras, colossos intocáveis vestidos de lã que comunicavam de banca para banca, ora com um relampejar dos grandes botões, ora com uma palmada no avental, ora com um suspiro que lhes enchia os peitos. Não é verdade que debaixo das bainhas daquelas saias havia um fervilhar, brotar, encher? Não era esse verdadeiramente o húmus fértil? Não lhes lançava um deus do mercado os produtos para o regaço – frutos silvestres, crustáceos, cogumelos, nacos de carne, couves –, cobrindo, invisível, aquelas que se lhe entregavam? Entretanto, elas, indolentes, encostadas a barris ou com a balança de correntes frouxas entalada entre os joelhos, iam inspecionando em silêncio as filas de donas de casa que, carregadas de sacos e redes, procuravam guiar as suas crias pelos corredores escorregadios e fétidos.

A febre

A cada vez que uma doença se anunciava, eu aprendia sempre uma coisa: que o infortúnio tinha artes, seguras, delicadas e hábeis, de se chegar até mim. Nada de espetacularidades. Tudo começava com umas manchas na pele, uma má disposição. Era como se a doença estivesse acostumada a esperar até que o médico lhe preparasse os aposentos. Este vinha, observava-me e insistia em que eu devia esperar na cama pelo que viesse. Proibia-me de ler. De qualquer maneira, eu tinha coisas mais importantes a fazer. Porque agora começava eu a passar em revista o que estava para vir, enquanto ainda houvesse tempo e a minha cabeça não ficasse muito confusa. Media a distância da cama até a porta, e perguntava-me até quando o meu chamamento ainda seria capaz de a transpor. Via em espírito a colher, com as bordas povoadas das súplicas da minha mãe, e como, depois de se ter cuidadosamente aproximado dos meus lábios, a sua verdadeira natureza irrompia de um momento para o outro e ela me despejava violentamente o remédio amargo pela garganta abaixo. Tal como um homem embriagado de vez em quando faz cálculos e pensa, só para confirmar que ainda é capaz de fazê-lo, também eu contava os círculos de luz que o sol fazia dançar no teto do quarto e agrupava e reagrupava em novos conjuntos os losangos do papel de parede.

Eu ficava muitas vezes doente. Daí vem talvez aquilo que todos veem em mim como paciência, mas que na verdade não corresponde a nenhuma virtude: a tendência para ver as coisas que para mim são importantes aproximarem-se de longe, como as horas se aproximavam da minha cama de doente. Assim, tiravam-me uma grande alegria se, numa viagem, não pudesse esperar muito tempo pelo trem na estação; e pelo mesmo motivo, dar presentes tornou-se em mim uma paixão, pois, sendo eu aquele que dá, antevejo a muito grande distância a surpresa dos outros. Enfim, a necessidade de olhar para o futuro apoiado no tempo de espera, como um doente espera, apoiado nas almofadas que tem nas costas, teve mais tarde como consequência que as mulheres me pareciam sempre mais belas quanto mais tempo tinha de esperar por elas, confiante.

A minha cama, normalmente o lugar da mais recatada e tranquila existência, ganhava agora foros de lugar público de prestígio. Deixava de ser, por muito tempo, o território de atividades secretas à noite: a leitura ou o meu jogo das velas. Debaixo da almofada não estava agora o livro que todas as noites, na velha tradição das proibições, lá enfiava, recorrendo às minhas últimas forças. E também as correntes de lava e os pequenos focos de incêndio que faziam derreter a estearina cessavam nessas semanas. Talvez a doença, afinal, não me roubasse nada a não ser aquele jogo ansioso e silencioso, sempre associado para mim a um secreto medo – precursor de um outro que, mais tarde, acompanharia um jogo idêntico num idêntico limiar da noite. A doença tinha de vir, para eu poder ficar de consciência limpa. Tão fresca quanto qualquer canto do lençol impecavelmente liso que me esperava à noite, quando a roupa da cama tinha sido mudada. Era quase sempre a minha mãe que me fazia a cama. Deitado no divã, via como ela sacudia almofadas e cobertas, e ia pensando naquelas noites em que me davam banho e depois me traziam o jantar à cama na minha bandeja de porcelana. Por baixo do vidrado, no meio de um emaranhado de framboesas silvestres, destacava-se uma mulher que se esforçava por desfraldar ao vento um estandarte com a divisa: "Bem podes tu por Norte e Sul andar, que não há nada que chegue à paz do lar". E a lembrança do jantar e dos ramos de framboesa tornava-se ainda mais agradável porque o corpo se sentia superior à necessidade de comer. Em compensação, ansiava por ouvir histórias. A forte torrente que as enchia atravessava o próprio corpo, arrastando consigo os sintomas da doença como despojos à deriva. A dor era um dique que só a princípio resistia à narrativa; mais tarde, quando esta ficava mais forte, era engolida pelo abismo do esquecimento. As carícias preparavam o leito dessa torrente. Eu gostava delas, porque da mão da mãe gotejavam já as histórias que depois iria ouvir da sua boca. Foram elas que me revelaram o pouco que vim a saber sobre a minha família. Evocava-se a carreira de um antepassado remoto, as regras de vida do avô, como se me quisessem fazer ver que seria precipitado abdicar, por uma morte prematura, dos grandes trunfos que a minha linhagem me punha na mão. Duas vezes ao dia, a minha mãe verificava a distância que me separava dela. E depois, cuidadosamente, chegava perto de uma janela ou de um candeeiro e manipulava o pequeno tubo como se lá dentro estivesse a minha vida. Mais tarde, quando já era mais crescido, a presença das coisas da alma no corpo não era mais difícil de desvendar do que a posição do fio da vida que, no pequeno tubo, se furtava sempre ao meu olhar.

A medição da temperatura cansava-me. Depois disso, gostava de ficar sozinho para me dedicar às minhas almofadas. Num tempo em que as colinas e os montes não me diziam ainda muito, já me eram muito familiares os cumes das almofadas. Havia uma cumplicidade que me ligava às forças que os fizeram nascer. Assim, por vezes dispunha-as de modo a fazer nascer nessa parede montanhosa uma gruta. Rastejava lá para dentro, puxava a coberta por cima da cabeça e voltava o ouvido na direção dessa garganta escura, alimentando de vez em quando o silêncio com palavras que regressavam em forma de histórias. Outras vezes, os dedos entravam no jogo e representavam também uma cena; ou então brincavam às lojas, e por trás do balcão formado pelos dedos médios, os mínimos acenavam afanosamente ao freguês, que era eu próprio. Mas a minha vontade de vigiar o seu jogo ia ficando cada vez mais fraca, e também a minha força para fazê-lo. Por fim seguia quase sem curiosidade os movimentos dos meus dedos, que pareciam essa gente indolente e traiçoeira que anda pelos arredores de uma cidade consumida pelas chamas. Não era possível correr o risco de cruzar o seu caminho. Pois, mesmo que se tivesse juntado de forma inocente, nunca se podia ter a certeza de que os dois grupos não iriam separar-se silenciosamente como se tinham encontrado, para seguirem cada um o seu caminho. E este era por vezes um caminho proibido, no fim do qual um doce repouso abria ao olhar a perspectiva de sedutoras visões que se agitavam no véu de chamas por detrás das pálpebras fechadas. Por maiores que fossem o cuidado e o amor, não chegavam para integrar sem quebras o meu quarto na vida da nossa casa. Tinha de esperar até o anoitecer. Então, quando a porta se abria diante do candeeiro e a curva da sua chaminé oscilava na soleira e vinha ao meu encontro, era como se a esfera dourada da vida que fazia girar cada hora do dia tivesse encontrado pela primeira vez o caminho para o meu quarto, como para uma gaveta escondida. E antes de a noite se ter definitivamente instalado no meu espaço começava para mim uma nova vida; ou antes, a velha vida da febre despontava de um momento para o outro sob a luz do candeeiro. O simples fato de estar deitado permitia-me tirar da luz vantagens a que outros não poderiam chegar facilmente. Aproveitava o meu repouso e a proximidade da parede junto da minha cama para saudar a luz com jogos de sombras. Agora se repetiam no papel de parede todos aqueles jogos que eu tinha permitido aos meus dedos jogar, menos claros, mais imponentes, mais enigmáticos. "Em vez de recearem as sombras da noite", era o que dizia o meu livro de jogos, "as crianças alegres usam-nas antes para se divertirem." E seguiam-se instruções muito ilustradas sobre a melhor maneira de projetar na parede da cama cabras, granadeiros, cisnes e coelhos. Eu quase nunca conseguia ir mais longe que as goelas de um lobo. Mas elas eram tão grandes e estavam tão abertas que tinham de ser as do lobo Fenris,[16]

---

[16] *Fenris, Fenrir ou Fenrisúlfr*: o lobo monstruoso da mitologia nórdica, filho do deus demoníaco Loki e de uma gigante. De acordo com a lenda, no Dia do Juízo (*Ragnarök*) Fenris devorará o Sol e engolirá Odin, o pai dos deuses germânicos, que será vingado pelo seu filho, Vidar.

o destruidor do mundo, que eu punha em ação no mesmo quarto em que me não deixavam cair nas mãos da doença infantil. Um belo dia ela despedia-se. A convalescença próxima soltava, como o nascimento, ligações que a febre tinha voltado a atrair dolorosamente. Os criados começavam de novo a substituir a mãe na minha vida. E certa manhã, depois de uma longa pausa e com poucas forças, voltei a entregar-me ao som do bater dos tapetes, que subia pelas janelas e penetrava mais fundamente no coração da criança do que a voz da amada no do homem, o bater dos tapetes que era o idioma das classes baixas, o verdadeiro adulto que nunca parava, não largava o trabalho, por vezes abrandava e se dispunha a tudo, indolente e amortecido, e outras caía num galope inexplicável, como se lá em baixo todos se apressassem para não apanhar chuva.

Imperceptivelmente, tal como a princípio se tinha insinuado em mim, a doença ia-se embora. Mas quando eu já estava pronto para esquecê-la de vez, recebia dela uma última saudação na caderneta de notas. Nela vinham assinaladas em rodapé as aulas a que eu tinha faltado. Essas não me pareciam, de modo algum, horas cinzentas e monótonas como aquelas a que assistira, mas perfilavam-se como as fitas coloridas ao peito dos inválidos. Na verdade, a anotação "Faltou a cento e setenta e três horas de aula" era, aos meus olhos, a imagem viva de uma longa fila de condecorações.

A lontra

Do mesmo modo que, a partir da casa que habita e do bairro onde mora, criamos uma imagem da natureza e da personalidade de alguém, assim também eu fazia em relação aos animais do Jardim Zoológico. Desde os avestruzes, formando alas sobre um fundo de esfinges e pirâmides, até o hipopótamo, que ocupava o seu pagode como um mágico prestes a encarnar no deus demoníaco a quem serve, não havia praticamente animal cuja habitação eu não adorasse ou temesse. Mais raros eram aqueles que tinham algo de especial já na localização dos seus abrigos. Eram quase sempre habitantes da zona periférica do Jardim Zoológico, onde este confinava com os cafés e o recinto de exposições. De todos os habitantes dessas zonas, o mais especial era sem dúvida a lontra. Dos três portais de entrada no parque, o da Ponte do Lichtenstein era o mais próximo, de longe o menos utilizado, e que levava à parte mais morta do parque. A alameda que aí recebia o visitante assemelhava-se, com as bolas brancas dos seus candeeiros, a um passeio abandonado das termas de Eilsen ou Bad Pyrmont, e muito antes de esses lugares ficarem tão desolados que pareciam mais antigos do que as termas, já esse recanto do Jardim Zoológico tinha traços do que estava para vir. Era um recanto profético. De fato, do mesmo modo que se diz que há plantas que possuem o dom de nos deixar prever o futuro, assim também certos lugares têm esse poder. Lugares abandonados, quase sempre, ou então copas de árvores encostadas a muros, becos ou pequenos jardins onde nunca ninguém se detém. Em tais lugares parece que tudo aquilo que está para vir é já passado. Era então nessa parte do Jardim Zoológico, quando, por acaso, lá íamos dar, que me permitiam espreitar por cima da margem do poço que ali se erguia, como no meio de um parque termal. Era o baluarte da lontra. Bem se podia dizer que era um baluarte, pois o parapeito do tanque onde o animal se encontrava era protegido por fortes barras. Uma pequena construção imitando rochas e grutas bordejava, ao fundo, o tanque oval. Devia servir de casa ao animal, mas nunca o vi lá dentro. E assim fiquei muitas vezes numa espera infindável diante daquelas profundezas negras e insondáveis, para tentar descobrir a lontra. Se, por fim, isso acontecia, era apenas por um instante, pois o luzidio inquilino da cisterna logo voltava a desaparecer na noite líquida. É certo que esse local onde tinham posto a lontra não era propriamente uma cisterna. Mas quando olhava para a sua água tinha sempre a sensação de que caía chuva em todas as sarjetas da cidade, apenas para desaguar nesse tanque e alimentar o animal que aí vivia. E que era um animal mimado, para quem a gruta vazia e úmida era mais templo do que abrigo. Era o animal sagrado da água das chuvas. Mas eu não conseguia perceber se ele se tinha formado nesses esgotos e águas ou se se alimentava apenas das suas correntes e dos seus regatos. O bicho estava sempre atarefado, como se nada nas suas profundezas o pudesse dispensar. Mas eu era capaz de passar dias a fio com a testa encostada àquela grade, sem me cansar de olhar para ela. Também nisso ela mostrava a sua secreta afinidade com a chuva. Pois nunca o dia me era tão gratificante, nem tão longo, como quando a chuva a penteava lentamente, horas e minutos, com os seus dentes finos ou grossos. E ela, obediente como uma menina pequena, inclinava a risca do cabelo debaixo daquele pente cinzento.

E eu não me cansava de olhar para ela. Esperava. Não até ela desistir, mas que a chuva engrossasse e caísse mais forte. Ouvia-a tamborilar nas vidraças, correr pelas goteiras cheias e descer gorgolejando para os esgotos. Aquela boa chuva dava-me uma sensação de segurança. E o meu futuro sussurrava-me isso ao ouvido, como se canta uma canção de ninar junto do berço. Entendia muito bem como se cresce na chuva. Nessas horas, atrás da janela embaçada, eu sentia-me em casa da lontra. Mas só me apercebia verdadeiramente disso quando voltava a estar diante do seu abrigo. Então, mais uma vez, tinha de esperar muito tempo até que o corpo negro e luzidio viesse à tona de água para logo mergulhar e regressar aos seus urgentes afazeres.

Ilha dos Pavões e Glienicke

O verão levava-me para perto dos Hohenzollern. Em Potsdam, era o Palácio Novo e Sanssouci, o parque de animais selvagens e Charlottenhof, em Babelsberg o palácio e seus jardins, mesmo ao lado das nossas casas de veraneio. A proximidade desses espaços pertencentes à grande dinastia nunca me perturbou as brincadeiras, na medida em que eu me apropriava das sombras projetadas pelas reais construções. Poder-se-ia ter escrito a história do meu império, que durava desde a minha investidura num dia de verão até à queda desse reino no fim do outono. E toda a minha existência se esgotava nas lutas por esse reino, que não eram travadas contra um imperador rival, mas com a própria terra e os espíritos que contra mim enviava.

A minha maior derrota havia de acontecer uma tarde na Ilha dos Pavões. Tinham-me dito para procurar penas de pavão nas ervas. E a ilha parecia-me agora muito mais atraente, por ser a reserva de troféus tão maravilhosos. Mas, depois de ter percorrido os vários gramados em todas as direções, em busca dos objetos prometidos, fui assaltado pela tristeza, mais do que por rancor contra os animais que se passeavam, com as suas plumagens intactas, diante dos aviários. Os achados estão para as crianças como as vitórias para os adultos. Eu tinha andado à procura de qualquer coisa que a ilha me teria dado, a mim pessoalmente, qualquer coisa que só ela me poderia revelar. Uma única pena, e eu a teria conquistado – não apenas a ilha, mas também a tarde, a travessia de barco desde Sakrow, tudo isso só com a minha pena de pavão me teria incontestavelmente pertencido. Perdi a ilha, e com ela uma segunda pátria: a terra dos pavões. E só agora, antes de ir para casa, li nas vidraças reluzentes do pátio do palácio os sinais que o brilho do Sol nelas punha: hoje eu não devia entrar.

Naquela altura, a minha dor não teria sido tão inconsolável se eu não tivesse perdido, com a pena que nunca encontrei, uma terra a que tinha direito; em contrapartida, não teria sido tão grande a minha felicidade ao aprender a andar de bicicleta, se com isso não tivesse conquistado novos territórios. Foi num daqueles pavilhões asfaltados onde, numa época em que o ciclismo se tornou moda, essa arte, que hoje as crianças aprendem umas com as outras, era ensinada de maneira tão complicada quanto a aprendizagem da condução de automóveis. O pavilhão ficava no campo, perto de Glienicke, e data de um tempo em que o esporte e o ar livre ainda não eram inseparáveis. E também ainda não tinham sido inventadas as várias modalidades de treino. Todos faziam questão de se destacar dos outros por um espaço personalizado e indumentárias chocantes. Para além disso, o que marcou essa fase primordial do esporte – particularmente no caso daquele que ali se praticava – foi a sua extravagância. Por isso, nesses pavilhões podiam ver-se, além de bicicletas de homem, senhora e criança, máquinas mais modernas cuja roda dianteira era quatro a cinco vezes maior que a traseira e cujo selim leve era como o assento de um acrobata a treinar os seus números.

Os banhos públicos dispõem muitas vezes de piscinas separadas para nadadores e não nadadores; e aqui também se poderia falar de uma divisão, entre aqueles que tinham de praticar no asfalto e aqueles que podiam sair e andar de bicicleta no jardim. Demorou algum tempo até eu passar para o segundo grupo. Mas num belo dia de verão recebi autorização para sair. Fiquei atordoado. O caminho era de cascalho, as pedrinhas rangiam, e pela primeira vez não havia proteção contra um sol que me cegava. O asfalto tinha sombra, era aberto e confortável. Aqui, porém, o perigo espreitava a cada curva. Embora não tivesse roda livre e o caminho ainda fosse plano, a bicicleta parecia que andava sozinha. Mas eu sentia-me como se nunca me tivesse sentado nela. No guidom começava a dar sinal uma vontade própria. Cada elevação no caminho podia roubar-me o equilíbrio. Já há muito tempo que tinha esquecido como se cai, mas agora a força da gravidade reclamava-se de um direito a que renunciara durante anos. Subitamente, depois de uma pequena subida, o caminho começava a descer inesperadamente, a onda que permitia deslizar da sua crista desfez-se à frente do meu pneu numa nuvem de pó e seixos, ramos batiam-me na cara à passagem, e quando eu já perdia a esperança de me equilibrar, eis que me acenava já o suave limiar da entrada. De coração palpitante, mas com o grande impulso que a descida atrás de mim me dera, mergulhei na sombra do pavilhão em cima da bicicleta. Quando desmontei tinha a certeza de que, por esse verão, Kohlhasenbrück com a sua estação ferroviária, o Lago de Griebnitz com os seus túneis de folhagem que descem até aos ancoradouros, o palácio de Babelsberg com as suas ameias austeras e os perfumados pomares de Glienicke, graças à sua aliança com a onda da colina, me tinham caído no colo com a mesma facilidade com que ducados e reinos passavam a integrar o patrimônio imperial através de um casamento.

Notícia de uma morte

Eu devia ter uns cinco anos. Uma noite, quando já estava na cama, o meu pai entrou no quarto. Vinha dar-me boa-noite. Talvez tenha sido um pouco contra vontade que me deu a notícia da morte de um primo, um homem já velho que pouco significava para mim. O meu pai foi me dando a notícia com todos os pormenores. Não retive tudo o que me contou. Em contrapartida, ficou-me na memória o meu quarto nessa noite, como se soubesse que um dia ele voltaria a dar-me que fazer. Quando já era adulto, soube que o primo tinha morrido de sífilis. O meu pai tinha entrado para não ficar sozinho. Mas quem ele procurava era o meu quarto, e não eu. Nenhum deles precisava de confidente.

Blumeshof 12

Não havia campainha com som mais agradável. Passado o limiar daquela casa, sentia-me mais protegido e aconchegado do que na dos meus pais. Aliás, o nome da rua não era "Blumes-Hof", mas "Blume-zof",[17]

---

[17] A primeira leitura, *Blumes-hof*, significaria "Pátio das Flores", e corresponde ao verdadeiro nome da rua; a segunda, *Blume-Zof(e)*, é uma ligeira corruptela como significado de "Dama da Flor", mais condizente com a imagem da avó que é dada a seguir.

e a casa era uma gigantesca flor de pelúcia que assim se me abria como se saísse de um invólucro amarrotado. No seu interior estava sentada a avó, a mãe da minha mãe. Era viúva. Quem visitasse a velha senhora, na sua janela de sacada, atapetada, guarnecida de uma pequena balaustrada e dando para o pátio, dificilmente poderia imaginá-la nas grandes viagens marítimas ou mesmo em excursões ao deserto, que de tempos em tempos fazia, através da agência de viagens "Stangens Reisen". De todas as casas de luxo que eu visitava, essa era a única com um toque de grande mundo. Madonna di Campiglio e Brindisi, Westerland e Atenas e todos os outros lugares de onde mandava postais ilustrados – em todos eles pairava o ar de Blumeshof. E a caligrafia larga e tranquila que envolvia a base das imagens ou se acastelava em nuvens no seu céu mostrava-os de tal maneira habitados pela minha avó que eles se transformavam em colônias de Blumeshof. Quando, depois, a terra natal a recebia de novo, eu pisava as tábuas do seu assoalho com tanto respeito que parecia que elas tinham dançado com a sua dona nas ondas do Bósforo, e que nos tapetes persas se escondia ainda a poeira de Samarcanda.

Que palavras poderão descrever o sentimento imemorial de segurança burguesa que irradiava dessa casa? O recheio dos seus muitos quartos não honraria hoje nem um ferro-velho. É que, embora os produtos dos anos setenta fossem muito mais sólidos do que os que vieram depois com a Arte Nova,[18] o seu toque inconfundível estava na complacência com que abandonavam as coisas ao correr do tempo e, quanto ao seu futuro, no modo como apenas confiavam na resistência do material e nunca em princípios de funcionalidade. Aqui, dominava um tipo de móveis que, devido à persistência com que acumulavam ornamentos de muitos séculos, respiravam confiança e durabilidade. A miséria não podia ter lugar nessas salas, por onde nem sequer a morte passava. Nelas não havia lugar para morrer; por isso, os seus ocupantes iam morrer nos sanatórios, mas os móveis eram logo vendidos pelos primeiros herdeiros. Nelas, a morte não estava prevista. Por isso pareciam tão confortáveis de dia, e à noite transformavam-se em cenário de maus sonhos. A caixa da escada, quando entrava nela, surgia-me como lugar de um pesadelo que me fazia ficar de pernas pesadas e sem força, para finalmente me dominar por completo quando apenas alguns passos me separavam da almejada soleira. Tais sonhos eram o preço que eu tinha de pagar pelo aconchego.

---

[18] *Jugendstil*, versão alemã do estilo *Art Nouveau*.

A avó não morreu em Blumeshof. Na casa em frente morou durante muito tempo a mãe do meu pai, que era mais velha. Também ela não morreu aí. Assim a rua se me tornou uma espécie de Elísio, um reino de sombras de avós imortais, mas afinal desaparecidas. E como a fantasia, uma vez lançado o seu véu sobre uma região, gosta que as suas margens se deixem enredar em estranhos caprichos, ela fez de uma mercearia próxima um monumento ao meu avô, que era comerciante, só porque o dono se chamava também Georg. O retrato de meio-corpo desse homem precocemente falecido cobria, em tamanho natural e fazendo par com o da mulher, a parede do corredor que levava às zonas mais recatadas da casa. As ocasiões mais diversas serviam para animá-las. A visita de uma filha casada fazia abrir uma sala com guarda-roupas há muito fora de uso; um outro quarto dos fundos recebia-me quando os adultos dormiam a sesta; de um terceiro vinha o matraquear da máquina de costura nos dias em que a modista ia na casa. A mais importante dessas divisões das traseiras era para mim a *loggia*, ou porque ela, por estar mais modestamente mobilada, não era muito apreciada pelos adultos, ou porque aí chegava, abafado, o ruído da rua, ou então porque ela me permitia ver os outros pátios, com os seus porteiros, as crianças e os homens do realejo. Aliás, eram mais vozes que figuras o que se distinguia dessa varanda. O bairro era fino, e nos seus pátios nunca havia muita azáfama; alguma coisa da serenidade dos ricos, para quem o trabalho aí era feito, tinha passado para eles, e em toda a semana havia alguma coisa de domingo. Por isso, o domingo era o dia da *loggia*. O domingo de que os outros quartos, que eram como que defeituosos, nunca se apercebiam, porque ele passava por eles e escoava-se – só a *loggia*, que dava para o pátio com as armações de bater os tapetes e as outras varandas, o apreendia, e nenhuma das vibrações do repicar dos sinos vindas das igrejas dos Doze Apóstolos e de S. Mateus dela se desprendia, ficando, pelo contrário, aí acumuladas até à noite.

Os quartos dessa casa não eram apenas muitos, alguns deles eram também muito espaçosos. Para dar bom-dia à avó na sua varanda, onde, ao lado da caixa de costura, ela tinha sempre ou fruta ou chocolates, eu tinha de atravessar a enorme sala de jantar e a sala que dava para a varanda. Só no dia de Natal se via para que serviam aquelas salas. As longas mesas onde eram colocados os presentes estavam repletas, porque eram muitos os que os iam receber. Os lugares estavam muito apertados, e não havia a garantia de não perder o lugar quando à tarde, depois de terminada a refeição principal, era preciso pôr mais um lugar para um velho criado ou para o filho do porteiro. Mas essa ainda não era a grande dificuldade do dia; essa chegava no princípio, quando se abria a porta de dois batentes. Ao fundo da grande sala refulgia a árvore. Nas grandes mesas não havia um espaço livre, sem ter pelo menos um prato colorido com marzipã e ramos de abeto a chamar por nós; e de muitos deles acenavam brinquedos e livros. O melhor era não lhes dar demasiada atenção. Eu poderia ter estragado o meu dia se me fixasse precipitadamente em presentes que depois teriam noutros o seu legítimo proprietário. Para fugir a isso, ficava especado na soleira, com um sorriso nos lábios; e ninguém seria capaz de dizer se ele era suscitado pelo brilho da árvore ou pelo dos presentes que me estavam destinados e dos quais eu, completamente fascinado, não ousava aproximar-me. Mas por fim acabava por ser uma terceira coisa que determinava o meu comportamento, mais profunda do que as minhas pretensas ou autênticas razões. De fato, por enquanto os presentes pertenciam ainda mais a quem as dava do que a mim. Eram frágeis, e eu tinha medo de lhes tocar desajeitadamente à vista de todos. Só lá fora, no vestíbulo, onde a criada as embrulhava e fazia desaparecer em trouxas e caixas, deixando-nos o seu peso como caução, nós estávamos seguros das nossas novas posses.

Isso só acontecia muitas horas depois. Quando então, com as coisas bem embrulhadas e atadas debaixo do braço, saíamos para o lusco-fusco, a tipoia nos esperava à porta da casa e a neve repousava intacta sobre as cornijas e vedações, mais suja no pavimento, se ouvia o tilintar de um trenó do lado da Lützowufer, e os candeeiros a gás, acendendo-se um após outro, denunciavam o caminho do funcionário que os acendia e que até nessa noite dos doces tinha de pôr a vara ao ombro – então, a cidade ficava tão mergulhada em si mesma quanto um saco cheio de mim e da minha felicidade.

Anoitecer de inverno

Em certos dias de inverno, ao fim da tarde, a minha mãe levava-me às compras. Era uma Berlim escura e desconhecida, aquela que se estendia à minha frente sob a luz do gás. Ficávamos na parte ocidental, antiga, cujos arruamentos eram mais simples e modestos do que aqueles que mais tarde a cidade viria a preferir. As varandas e as colunas já não se distinguiam bem, e as fachadas estavam iluminadas. Fosse pelas cortinas de musselina, pelas persianas ou pela camisa do candeeiro de gás do teto, o certo é que aquela luz deixava ver pouco das salas iluminadas. Só tinha a ver consigo própria. Atraía-me e deixava-me pensativo. E isso acontece ainda hoje, na memória. Mas leva-me também para um dos meus postais ilustrados favoritos. Mostrava uma praça em Berlim. As casas em volta eram de um azul suave, o céu noturno, onde se via a Lua, era mais escuro. A Lua e todas as janelas estavam recortadas na camada azul da cartolina. Se olhássemos para elas contra a luz de um candeeiro, saía das nuvens e das fileiras de janelas um clarão amarelado. Eu não conhecia a zona mostrada no postal. A legenda dizia "Hallesches Tor".[19] A porta e o salão convergiam nele e formavam a gruta iluminada onde encontro a recordação de Berlim no inverno.

Krumme Straße[20]

Os contos de fadas falam por vezes de passagens e galerias ladeadas de barracas cheias de tentações e perigos. Na minha infância conheci uma dessas passagens: chamava-se Krumme Straße. O seu lugar mais sombrio ficava no ponto em que a rua fazia o ângulo mais apertado: a piscina municipal, com os seus muros de tijolo vidrado. A água era renovada várias vezes por semana. Nessas alturas havia um aviso no portão – "Fechado temporariamente" –, e eu podia desfrutar de uma trégua. Ia vendo as vitrines e alimentava-me de uma quantidade de objetos mortos, à sua guarda. Em frente da piscina ficava uma loja de penhores. O passeio estava cheio de vendedores de ferro-velho, com os seus móveis e objetos domésticos. Era também o trecho da rua onde se podia encontrar roupa de ocasião.

No ponto onde a Krumme Straße chegava ao fim, na zona ocidental, havia uma papelaria. Os olhares não iniciados fixavam-se nos livrinhos baratos com as aventuras de Nick Carter, mas eu sabia

---

[19] À letra, "Porta de Halle", a cidade alemã do Leste. Halle significa também, enquanto substantivo comum, salão, pavilhão ou átrio.

[20] O nome dessa rua do bairro ocidental de Berlim significa literalmente "Rua tortuosa".

onde encontrar, no fundo da vitrine, as obras mais escabrosas. Naquela parte da rua não havia movimento. Eu podia ficar muito tempo a olhar pelo vidro, começando por encontrar um álibi nos livros de contabilidade, nos compassos e nas obreias, para depois avançar e cair logo no seio daquelas criações de papel. O instinto adivinha aquilo que mais insistentemente se irá revelar em nós, e funde-se com isso. Rosetas e lampiões festejavam na vitrine a minha arriscada empresa.

Não muito longe da piscina ficava a biblioteca municipal. Nem as suas galerias em ferro me pareciam altas ou frias demais. Pressentia ali o meu verdadeiro território. Já o cheiro o anunciava. Esperava, como que sob uma fina película protetora, debaixo do frio e da umidade que me recebiam na escada. Empurrava com medo a porta de ferro, mas, mal entrava na sala de leitura, o silêncio começava a tomar conta das minhas forças.

Na piscina, o que mais detestava era o barulho das vozes, misturado com o das tubulações de água. Ouvia-se logo no átrio, onde tínhamos de ir buscar a chapinha com número que enfiávamos na perna. Uma vez transposta a soleira que dava acesso à piscina, despedíamo-nos do mundo vivo cá em cima. Depois disso, nada nos podia proteger da massa de água sob a abóbada do interior. Era o reino de uma deusa estrábica, empenhada em se nos encostar ao peito para nos encharcar com o líquido das suas câmaras frias, até que lá em cima nada se lembrasse de nós.

No inverno já estavam acesos os candeeiros a gás quando eu saía da piscina para ir para casa. Mas isso não me impedia de fazer um desvio que me levava de volta ao meu canto, como se quisesse apanhá-lo em flagrante. A loja também estava iluminada. Uma parte da luz caía sobre os artigos expostos, misturando-se com a que vinha dos candeeiros. A essa meia-luz, a vitrine ainda prometia mais do que antes, porque agora crescia em mim o fascínio pelo despudor representado sem rodeios em postais humorísticos e brochuras, reforçado pela consciência de ter terminado por hoje o dia de trabalho. O que se passava dentro de mim, podia facilmente levá-lo para casa e continuar a senti-lo debaixo do meu candeeiro. A própria cama me fazia voltar àquela loja e ao rio de pessoas que inundara a Krumme Straße. Vinham ao meu encontro rapazes que me empurravam. Mas agora já não sentia a arrogância que me tinham despertado na rua.

O sono ia buscar ao silêncio do quarto um rumor que, num instante, me compensava por tudo o que eu mais odiava na piscina pública.

A meia

O primeiro armário que eu conseguia abrir quando queria era a cômoda. Bastava um pequeno esticão do puxador, e ela abria-se e vinha ao meu encontro. Debaixo das camisas, das calças, dos coletes aí guardados encontrava-se aquilo que fazia da cômoda uma aventura. Tinha de abrir caminho até o seu canto mais escondido para encontrar o montinho das minhas meias, enroladas e viradas à maneira tradicional. Cada par parecia uma pequena bolsa. Nada me dava mais prazer do que enfiar a mão por elas adentro, o mais fundo possível. Não o fazia para lhes sentir o calor. O que me atraía para aquelas profundezas era antes "o que eu trazia comigo", na mão que descia ao seu interior enrolado. Depois de a ter agarrado com a mão fechada e ter confirmado a minha posse daquela massa de lã macia, começava a segunda parte do jogo, que trazia consigo a revelação. Agora, tentava tirar para fora da bolsa de lã "o que trazia comigo". Puxava, puxava, até que qualquer coisa de perturbador acontecia: eu tinha retirado "o que trazia comigo", mas "a bolsa" onde isso estava já não existia. Nunca me cansei de pôr à prova esse exercício. Ele ensinou-me que a forma e o conteúdo, o invólucro e o que ele envolve, são uma e a mesma coisa. E levou-me a extrair da literatura a verdade com tanto cuidado quanto a mão da criança ia buscar a meia dentro da sua "bolsa".

A Mummerehlen

Numa velha canção infantil aparece a Muhme Rehlen.[21] Como a palavra "Muhme" não me dizia nada, essa criatura transformou-se para mim num fantasma: a Mummerehlen.

Em boa hora aprendi a me disfarçar nas palavras, que de fato eram nuvens. O dom de reconhecer semelhanças não é mais do que uma fraca reminiscência da primitiva necessidade de nos tornarmos semelhantes e nos comportarmos de modo correspondente. As palavras

---

[21] *Muhme* é uma palavra arcaica que significa "tia"; *Rehlen* é nome próprio.

exerciam sobre mim esse poder. Não aquelas que me tornavam igual às crianças exemplares, mas as que me aproximavam de casas, móveis, peças de roupa. Eu desfigurava-me pela semelhança com tudo o que existia à minha volta. Como um molusco na sua concha, vivia no século XIX, um tempo que agora me parece oco, como uma concha vazia. Levo-a ao ouvido, e que ouço? Não ouço o fragor de artilharia nem a música de baile de Offenbach, nem sequer os cascos dos cavalos na calçada ou as fanfarras da guarda na parada. Não, o que eu ouço é o ruído breve do antracito quando cai do recipiente de folha no fogão de ferro fundido, é o estalo seco que acompanha o acender da chama na camisa do candeeiro a gás, é o zumbir da chaminé no aro de latão da lanterna, quando um carro passa na rua. E há outros ruídos, como o chocalhar das chaves no cesto, as campainhas das portas da frente e das traseiras; e também uma canção infantil.

"Vou contar-te a história antiga / da Mummerehlen amiga…" A canção está desfigurada; mas é todo o mundo desfigurado da infância que nela se encontra. A "Muhme Rehlen" que em tempos nela viveu já tinha desaparecido quando me contaram a história pela primeira vez. E a "Mummerehlen" ainda era mais difícil de descobrir. Durante muito tempo ela estava para mim no padrão de losangos do prato fumegante de papas de cevadinha ou de tapioca. Eu ia comendo lentamente, para no fim encontrá-la no fundo do prato. Não sei o que me contaram dela – ou o que me quiseram contar. Ela própria nunca me confiou nada. Talvez quase nem tivesse voz. O seu olhar caía com os flocos indecisos da primeira neve. Se me tivesse atingido uma única vez, isso teria sido uma consolação para toda a vida.

Esconderijos

Eu conhecia todos os esconderijos da casa, e voltava a eles como a uma morada onde sabemos que iremos encontrar tudo no seu lugar. O coração palpitava-me, prendia a respiração. Aqui, estava encerrado no mundo da matéria. Este tornava-se-me extremamente nítido, aproximava-se de mim sem uma palavra. Como um enforcado, que só então toma plena consciência do que são a corda e a madeira. A criança escondida atrás das cortinas torna-se ela própria algo de esvoaçante e branco, um fantasma. A mesa da sala de jantar, debaixo da qual se

acocorou, transforma-a em ídolo num templo em que as pernas torneadas são as quatro colunas. E atrás de uma porta ela própria é porta,
recoberta por ela, máscara pesada, mago que enfeitiçará todos os que
entrarem desprevenidos. Por nada deste mundo pode ser descoberta.
Quando faz caretas, dizem-lhe que se o relógio bater ela ficará assim
para sempre. No meu esconderijo, eu descobri o que há de verdade
nisso. Quem me descobrisse poderia fazer-me ficar petrificado, um
ídolo debaixo da mesa, enredar-me para sempre, como fantasma, nas
cortinas, mandar-me para o resto da vida para dentro da pesada porta.
Por isso, eu expulsava com um grande grito o espírito demoníaco que
assim me transformava quando quem procurava me apanhava – nem
sequer esperava por esse momento, antecipava-me com um grito de
libertação. Por isso não me cansava desta luta com o demônio. Nela,
a casa era o arsenal de máscaras. Mas uma vez no ano, em lugares
secretos, nas suas órbitas vazias, na sua boca aberta, havia presentes.
A experiência mágica tornava-se uma ciência. E eu, seu engenheiro,
desenfeitiçava a sombria casa dos pais e procurava os ovos de Páscoa.

Um fantasma

Aconteceu um fim de tarde, tinha eu sete ou oito anos, em frente à
nossa casa de verão em Babelsberg. Uma das nossas criadas fica ainda um
pouco ao portão de grades que dá para uma das alamedas, não sei qual. O
grande jardim, por cuja periferia deixada ao abandono eu tinha andado,
já está fechado para mim. Chegou a hora de ir para a cama. Talvez me
tenha cansado da minha brincadeira preferida, a de atirar, num lugar
qualquer da cerca de arame no meio das ervas, com setas de borracha
da minha pistola "Eureka", nos pássaros de madeira que o embate do
projétil fazia cair do alvo, onde estavam pousados na folhagem pintada.

Todo dia guardara para mim um segredo – o sonho da noite
anterior. Tinha-me aparecido um fantasma. Eu teria dificuldade em
descrever o lugar onde isso se passou. Mas era parecido com outro que
eu conhecia, embora me fosse inacessível. Era no quarto onde os meus
pais dormiam, num canto oculto por um cortinado desbotado, de pelúcia
lilás, por trás do qual estavam pendurados os roupões da minha mãe. O
escuro atrás desse reposteiro era insondável: o canto era o equivalente
suspeito do paraíso que se abria com o armário da roupa da casa. Nas

prateleiras, em cujo contorno corria, bordado a azul sobre fita branca, um texto da "Canção do sino", de Schiller, empilhavam-se roupas de cama e de cozinha, lençóis, fronhas, toalhas de mesa, guardanapos. Vinha um cheirinho de alfazema dos saquinhos de seda bem cheios que bamboleavam pendurados no forro franzido do lado de dentro das duas portas do armário. Assim os velhos feitiços associados ao trabalho da tecelagem, outrora sempre referidos à roda de fiar, se dividiram em céu e inferno. O sonho situava-se neste último: um fantasma ocupado com uma armação de madeira da qual pendiam fios de seda. O fantasma roubava esses fios. Não ficava com eles, nem os levava consigo; de fato, não fazia nada com eles. E no entanto eu sabia que ele os roubava. Era como naquelas lendas em que pessoas assistem a um banquete de fantasmas e, sem os verem comer ou beber, sabem que eles estão no meio de uma refeição. Foi esse o sonho que guardei só para mim.

Na noite que se lhe seguiu, reparei que os meus pais entraram no meu quarto já fora de hora – e foi como se um segundo sonho se encaixasse no primeiro. Mas já não pude ver que eles fecharam a porta à chave e ficaram no meu quarto. Na manhã seguinte, quando acordei, não havia café da manhã. A casa, pelo que entendi, tinha sido assaltada. À hora do almoço apareceram alguns parentes com as coisas essenciais. Um bando de vários assaltantes tinha-se introduzido na casa durante a noite. Felizmente, diziam, o barulho que fizeram deu uma ideia da força do grupo. Essa ameaçadora visita teria durado até de manhã. Em vão os meus pais esperaram, atrás da minha janela, pelo nascer do dia, na esperança de poder fazer algum sinal para a rua. Chegaria a minha vez de falar do incidente. Mas não sabia nada do comportamento da criada que estava à noite junto do portão de grades. E sobre aquilo que julgava saber melhor – o meu sonho – não disse nada a ninguém.

Um anjo de Natal

Tudo começava com as árvores de Natal. Numa dada manhã, ao irmos para a escola, víamos nas esquinas das ruas os selos verdes que pareciam lacrar a cidade em centenas de esquinas e recantos, como um grande embrulho de Natal. Depois, um belo dia, ela rebentava, e de dentro do embrulho saíam brinquedos, nozes, palhinhas e adornos para a árvore: era a quermesse de Natal. E com tudo isso saía também outra coisa: a pobreza. Tal como as maçãs e as nozes se podiam mostrar com um pouco de ouropel ao lado do marzipã no prato natalício, assim também se viam pessoas pobres ao lado da *lametta* e das velas coloridas nos melhores bairros. Os ricos mandavam os filhos comprar ovelhinhas de lã aos filhos dos pobres, ou dar-lhes a esmola que eles próprios, por pudor, não eram capazes de dar pessoalmente. Entretanto, na varanda da casa já estava a árvore que a minha mãe tinha comprado às escondidas e mandado subir pela escada de serviço. E mais maravilhoso do que tudo o que a luz das velas dela fazia era o modo como a festa que se aproximava se entretecia, cada vez mais densa, nos seus ramos a cada dia que passava. Nos pátios, os realejos começavam a preencher com corais a última fase. Finalmente, o prazo expirava e chegava aquele dia que relembro aqui a partir da minha memória dos mais recuados.

Tinha de esperar no meu quarto até as seis da tarde. Nenhuma festa da vida de adulto conhece essa hora, que vibra como uma seta no coração do dia. Já estava escuro, mas eu não acendia o candeeiro, para não desviar o olhar das janelas do outro lado do pátio, atrás das quais se viam as primeiras velas. De todos os momentos na vida de uma árvore de Natal, esse era o mais inquietante, aquele em que ela sacrifica à escuridão as suas agulhas e os seus ramos, para ser apenas uma constelação, inatingível e próxima, na janela fosca de uma casa dos fundos. E quando uma dessas constelações abençoava aqui e ali uma das janelas abandonadas, enquanto muitas continuavam escuras e outras, mais tristes ainda, se iam apagando na luz de gás das tardes em que anoitecia cedo, a mim parecia-me que essas janelas natalícias absorviam em si a solidão, a velhice e a miséria – tudo aquilo de que os pobres não falavam. Depois, lembrava-me outra vez dos presentes, que os meus pais já estavam a preparar. Mas, mal me desviava da janela, com aquele peso na consciência que só a perspectiva de uma felicidade segura provoca, sentia uma estranha presença no quarto. Era apenas uma aragem, e as palavras que afloravam aos meus lábios eram como as dobras que se formam subitamente na vela frouxa de um navio quando sopra uma brisa fresca: "O Menino Jesus / vem todos os anos / à terra onde estamos / nós, os seres humanos". Com essas palavras, o anjo que nelas começara a ganhar forma desaparecia. Eu já não ficava muito mais tempo no quarto vazio. Chamavam-me para a sala ao lado, onde agora a árvore entrara no reino da glória que a tornava estranha para mim, até o dia em que, já sem o pé que a sustentava, enterrada na neve ou brilhando à chuva, a festa chegava ao fim no lugar onde um realejo lhe dera início.

Desgraças e crimes

Todos os dias a cidade voltava a prometer-nos, e todas as noites me ficava a dever o prometido. Se aconteciam, quando eu chegava ao local já eles tinham desaparecido, como deuses que só concedem breves instantes aos mortais. Uma vitrine assaltada, a casa de onde tinham tirado um morto, o sítio na estrada onde caíra um cavalo – eu ficava especado nesses lugares para me deixar embeber do sopro fugaz que os acontecimentos tinham deixado. Também ele já se perdera – disperso e levado pelo bando de curiosos que se tinham espalhado aos quatro ventos. Quem podia concorrer com os bombeiros, levados pelos seus velozes cavalos para locais de incêndio desconhecidos? Quem poderia olhar através dos vidros leitosos para o interior de uma ambulância? Nesses carros, a desgraça, cujo rastro eu não conseguia seguir, deslizava e irrompia pelas ruas. Mas ela tinha veículos ainda mais estranhos, que guardavam os seus segredos de forma tão ciosa como os carros dos ciganos. E também nesses eram as janelas que me pareciam mais suspeitas. Eram protegidas por barras de ferro. E se é certo que os espaços entre elas eram tão apertados que nenhum homem poderia passar por eles, eu tinha sempre pena dos malfeitores que, imaginava eu, iam presos lá dentro. Nessa altura não sabia que se tratava apenas de carros para transporte de documentos, e por isso via neles, ainda mais, receptáculos sufocantes da desgraça. Também o canal, onde a água corria tão escura e tão lenta como se tratasse toda a tristeza por tu, me atraía de vez em quando. Era em vão que cada uma das suas pontes, com a sua boia de salvação, se apresentava como noiva da morte. Para mim, elas eram virgens a cada vez que por elas passava. E por fim aprendi a dar-me por satisfeito com as placas que forneciam instruções sobre a reanimação dos afogados. Mas tais ações eram para mim coisas tão distantes como os guerreiros de pedra do Museu Pergamon.

Toda a cidade estava preparada para a desgraça; o município e eu teríamos lhe dado uma cama confortável, mas ela não se deixava ver. Ah, se eu pudesse espreitar para dentro das portadas fechadas do Hospital de Santa Isabel! Ao descer a Lützowstraße, reparava que algumas portadas estavam fechadas em pleno dia. Quando perguntei, disseram-me que nesses quartos estavam os "doentes graves". Os judeus, quando ouviam falar do anjo da morte que apontava com o dedo para as casas dos egípcios cujo primogênito devia morrer, devem ter imaginado essas casas com o horror com que eu via estas janelas de portadas fechadas. Mas será que ele cumpria realmente a sua missão, o anjo da morte? Ou abrir-se-iam um dia as portadas e o doente grave, convalescente, viria sentar-se à janela? Não se deveria ter-lhes dado uma ajuda – à morte, ao fogo, ou apenas ao granizo que tamborilava nas minhas vidraças sem nunca as partir? E será de admirar que, quando finalmente a desgraça e o crime aparecem, essa experiência destrua tudo o que está à sua volta – mesmo o limiar entre sonho e realidade? Eu já não sei se ela vem de um sonho ou se simplesmente se repetiu várias vezes nele. De qualquer modo, estava presente no momento de pegar na "corrente".

"Não te esqueças de pôr primeiro a corrente", era o que me diziam quando me deixavam ir abrir a porta. Toda a minha infância fui fiel ao medo provocado por um pé a atravessar-se na porta. E no meio desses medos estende-se, eterno como a tortura do inferno, o terror que claramente se instalou porque a corrente não fora posta. Está um senhor no escritório do meu pai. Não está mal vestido, e parece nem notar a presença da mãe; fala como se ela não existisse. A minha presença na sala ao lado ainda lhe é mais indiferente. O tom em que fala é talvez bem educado, e não se pode dizer que seja ameaçador. Mais perigoso é o silêncio que paira quando ele se cala. Naquela casa não há telefone. A vida do meu pai está por um fio. Talvez ele não se aperceba disso, e ao levantar-se da mesa, que ainda não teve tempo de deixar, para pôr fora o intruso que há muito tempo se instalou, este se antecipará, fechará a porta e guardará a chave. O pai tem a retirada cortada, e o outro continua a não ligar para a minha mãe. O que há de mais detestável nele é mesmo o modo como ele a ignora, como se ela fosse cúmplice do assassino chantagista.

Como também essa sinistra visita se foi sem me deixar a chave do enigma, sempre pude compreender bem aqueles que se refugiam no primeiro posto de alarme contra incêndios que lhes aparece. São uma espécie de altares distribuídos pelas ruas, onde se podem fazer preces à deusa da desgraça. Ainda mais excitante que o aparecimento do carro de bombeiros era aquele minuto em que, como único transeunte, ouvimos o sinal de alarme a soar ao longe. Mas quando ele soava já quase sempre a melhor parte do desastre tinha passado. Pois, mesmo no caso de haver incêndio, não se via fogo nenhum. Era como se a cidade, ciumenta, guardasse a chama rara, a alimentasse bem no interior do pátio ou das águas-furtadas e toda a gente invejasse a visão daquela ave fogosa e es-plêndida que ali criara. De vez em quando, um bombeiro vinha lá de dentro, mas não parecia digno da visão que lhe devia ter enchido o olho. Quando depois chegavam reforços, com mangueiras, escadas e tanques de água, parecia que estes entravam na mesma rotina e aqueles homens robustos, de capacete, mais pareciam protetores de um fogo invisível do que seus inimigos. Mas na maior parte dos casos não vinham mais car-ros; de repente, notava-se que a polícia também já lá não estava e o fogo fora extinto. E ninguém queria confirmar que se tratara de fogo posto.

As cores

Havia no nosso jardim um pavilhão abandonado e carcomido. Eu gostava dele por causa das janelas coloridas. Quando, lá dentro, ia passando a mão de vidro em vidro, transformava-me; ganhava a cor da paisagem que via na janela, ora flamejante, ora empoeirada, agora mortiça, depois luxuriante. Sentia-me como quando pintava a aquarela e as coisas se me abriam assim que eu as acometia numa nuvem úmida. O mesmo acontecia com as bolas de sabão. Eu viajava dentro delas pela sala e juntava-me ao jogo de cores das cúpulas até elas se desfazerem. Olhando para o céu, para uma joia ou para um livro, perdia-me nas cores. As crianças são suas presas fáceis por todos os caminhos. Naquele tempo podiam comprar-se chocolates em pa-cotinhos dispostos em cruz e com cada *tablette* embrulhada num papel de prata de cor diferente. A pequena obra, segura por um fio grosso dourado, reluzia em tons de verde e ouro, azul e laranja, vermelho e prata; e nunca havia duas cores iguais lado a lado. Dessa paliçada brilhante saltaram um dia as cores para os meus olhos, e ainda hoje sinto a doçura que nessa altura os saciou. Era a doçura do chocolate que fazia as cores desfazerem-se-me mais no coração do que na língua. Pois antes que eu sucumbisse às tentações da guloseima, já o sentido superior tinha suplantado de um golpe o inferior, arrebatando-me.

A caixa de costura

Já não conhecíamos a agulha em que a Bela Adormecida se picou, para mergulhar num sono de cem anos. Mas, tal como a mãe da Branca de Neve, a rainha, se sentava à janela quando nevava, também a nossa mãe se sentava à janela com as coisas da costura, e só não caíam três pingos de sangue porque ela usava um dedal quando costurava. Em compensação, a cabeça do dedal era de um vermelho pálido, com pequenas cavidades, como marcas de picadas antigas. Se o olhássemos contra a luz, o fundo da sua caverna escura, que o nosso dedo indicador conhecia tão bem, ficava cor de fogo. E muito gostávamos nós de nos apoderar da pequena coroa que nos coroava às escondidas. Quando a enfiava no dedo compreendia o modo como as criadas tratavam a minha mãe. Queriam dizer "gnädige Frau", mas, como mutilavam a primeira palavra, durante muito tempo pensei que elas diziam "Näh-Frau".[22] Não seria possível inventar um título que me revelasse de forma mais evidente todo o poder da minha mãe.

Como todos os soberanos, também ela exercia a sua influência a partir de um trono, neste caso a mesa da costura. Por vezes sentia-a. Imóvel, prendendo a respiração, submetia-me a ela. A mãe tinha descoberto que havia qualquer arranjo para fazer nos meus trajes, antes de ir com ela visitar alguém ou fazer compras. E lá estava ela com a manga da minha camisa de marinheiro na mão, já depois de eu a ter vestida, para coser a virola azul e branca, ou então, com uns pontos rápidos, dava um jeito no nó de marinheiro em seda. E eu ficava ali roendo o elástico suado do boné, que me sabia a azedo. Nesses momentos, quando os utensílios de costura se impunham com mais severidade, a rebeldia e a irritação começavam a dar sinal em mim. Não apenas porque esses cuidados com a roupa, que afinal já tinha vestido, me esgotavam a paciência – não, mais ainda porque aquilo a que eu era sujeito de modo nenhum estava ao nível da variedade de cores das sedas, das finas agulhas e das tesouras de diferentes tamanhos que tinha à minha frente. Vinham-me dúvidas sobre aquela caixa, se ela se destinaria mesmo à costura. E elas eram reforçadas pelo tormento das más tentações exercidas sobre mim pelos carrinhos de linhas que via nela. Essas tentações partiam

---

[22] *Gnädige Frau*: "minha senhora"; *Näh-Frau*: "senhora da costura".

do buraco por onde antes tinha passado o eixo destinado a enrolar o fio no carrinho. Agora, esse buraco estava tapado de ambos os lados pela etiqueta, que era preta e tinha o nome da firma e o número de referência impressos em dourado. Era enorme a tentação de enfiar a ponta do dedo no meio da etiqueta, e demasiado profunda a satisfação quando esta se rasgava e eu podia sentir o buraco por baixo.

Para além da região superior da caixa, onde os carrinhos se alinhavam ao lado uns dos outros, as carteiras pretas das agulhas cintilavam e as tesouras descansavam nos seus estojos de couro, havia o fundo escuro, o caos onde reinava o novelo desfeito misturado com restos de fita elástica, colchetes, presilhas e restos de seda. E havia também botões no meio desse refugo, alguns deles com formas nunca vistas em vestido algum. Mais tarde encontrei alguns parecidos: eram as rodas do carro de Thor, o deus do trovão, na imagem que dele fez um professor num livro escolar de meados do século XIX. Foram precisos todos aqueles anos para uma pequena ilustração sumida confirmar a minha suspeita de que toda aquela caixa se destinava a qualquer coisa de diferente dos trabalhos de costura.

A mãe da Branca de Neve está costurando, e lá fora neva. Quanto mais silencioso vai ficando o país, tanto mais se dignifica essa silenciosa tarefa doméstica. Quanto mais cedo anoitecia, mais frequentemente pedíamos a tesoura. Também nós passávamos agora uma hora seguindo com o olhar a agulha da qual pendia um fio grosso de lã. Sem dizer nada, cada um de nós pegava nos seus objetos com moldes para bordar – pratos de papel, limpa-penas, estojos – e seguia com a agulha os desenhos de flores. E enquanto o papel abria caminho à agulha com leves estalidos, de vez em quando eu cedia à tentação de deitar o olho à rede do lado do avesso, que ia ficando cada vez mais confusa à medida que, com cada ponto, eu me aproximava do fim do trabalho do lado do direito.

A Lua

A luz que escorre da Lua não se destina ao cenário da nossa existência diurna. O espaço que por ela é iluminado de forma indistinta parece pertencer a uma contra-Terra ou a uma Terra paralela, que não é aquela que o satélite Lua segue, mas antes aquela que se transformou ela própria num satélite da Lua. O seu amplo peito, cuja respiração era o tempo, já não se mexe; a criação regressou finalmente a casa, e agora pode voltar a pôr o véu de viúva que o dia lhe tinha roubado. O pálido raio que entrava no meu quarto através das venezianas deu-me a entender isso. O meu sono ficou inquieto; a Lua retalhava-o com o seu ir e vir. Quando ela me inundava o quarto e eu acordava, eu ficava sem teto, porque ele parecia querer abrigá-la só a ela. A primeira coisa sobre a qual caía o meu olhar eram as duas bacias de cor creme do lavatório. Durante o dia nem me lembrava de olhar para elas. Mas à luz da Lua a barra azul em volta de toda a borda superior da bacia irritava-me. Simulava uma fita de tecido passando por uma bainha. De fato, a borda das bacias tinha o franzido das golas. Entre as duas estavam os jarros bojudos, da mesma porcelana e com o mesmo padrão de flores. Quando eu descia da cama, eles tiniam, e esse tinido propagava-se, sobre o revestimento de mármore da mesa do lavatório, às taças e tigelas. Por um lado, ficava contente por ouvir um sinal de vida – ainda que fosse apenas o eco do meu próprio – vindo do ambiente noturno; mas por outro, era um sinal em que não podia confiar, e que só esperava, como um falso amigo, pelo melhor momento para me enganar. E isso acontecia quando eu pegava na garrafa e a levantava para deitar água num copo. O borbulhar desta água, o ruído com que eu pousava, primeiro a garrafa, depois o copo – tudo soava aos meus ouvidos como uma repetição. Pois todos os lugares daquela Terra paralela para onde eu me desterrara pareciam estar ocupados pelo passado. Tinha de me conformar com a situação. E quando voltava para a cama era sempre cheio de medo de me encontrar já estendido nela.

Só perdia completamente o medo quando sentia de novo o colchão nas costas. Então adormecia. A luz da Lua saía lentamente do meu quarto. E muitas vezes este já estava escuro quando eu acordava pela segunda ou terceira vez. A mão era a primeira a ter de arriscar o mergulho por cima da beira da trincheira em que tinha encontrado abrigo contra o sonho. Quando depois a luz trêmula do candeeiro de noite a apaziguava a ela e a mim, eu chegava à conclusão de que do mundo nada mais restava senão uma única e insistente pergunta: por que razão existem coisas no mundo, por que razão existe o mundo? Foi com grande espanto que concluí que nada nele me podia obrigar a pensá-lo. O seu não ser não me pareceria em nada mais duvidoso do que o seu ser, que parecia piscar o olho ao não ser. Quando a Lua ainda brilhava, o mar e os seus continentes levavam pouca vantagem sobre a louça do meu lavatório. Da minha própria existência nada mais restava senão o resíduo da sua solidão.

Duas charangas

Nunca mais houve música com uma natureza tão bárbara e despudorada quanto a da banda militar que travava a torrente de pessoas que se arrastava pela Lästerallee,[23] entre os cafés-restaurantes do Jardim Zoológico. Hoje sei de onde vinha a força dessa torrente. Para o berlinense não havia melhor escola do amor do que essa, rodeada que estava pelas cercas dos gnus e das zebras, pelas árvores despidas e por recifes onde abutres e condores faziam ninho, pelas jaulas fedorentas dos lobos e os lugares onde pelicanos e garças chocavam os ovos. As vozes e os gritos desses bichos misturavam-se com o barulho dos timbales e dos tambores. Era esse o ar em que pela primeira vez um rapaz ousava dirigir o olhar para uma moça que passava, falando ao mesmo tempo, muito excitado, como o amigo. E esforçava-se de tal modo para não denunciar o seu entusiasmo, nem no tom de voz nem no olhar, que acabava por não ver nada da moça que passava.

Muito antes, conhecera outro tipo de charanga. E que diferença entre as duas! Esta, que balançava, sufocante e sedutora, sob as abóbadas da folhagem e das tendas, e aquela, mais antiga, brilhante e ensurdecedora no ar frio, como sob uma fina campânula de vidro. Fazia-se ouvir da Ilha de Rousseau e inspirava os patinadores que no gelo do lago, o Neuer See, faziam as suas piruetas e curvas. Também eu me encontrava entre eles, muito antes de poder imaginar de onde vinha o nome daquela ilha, para não falar das dificuldades da sua ortografia. A localização dessa pista de gelo não tinha rival, e muito menos a sua vida ao longo das estações do ano. De fato, o verão transformava as outras em quê? Em campos de tênis. Aqui, porém, estendia-se sob os grandes ramos pendentes das árvores da margem o mesmo lago que me esperava, dentro de uma moldura, na escura sala de jantar da minha avó. Naquela época muitos

---

[23] O nome da alameda do Zoo em Berlim poderia traduzir-se por "alameda da Má-Língua". Era um daqueles lugares, em parques públicos das grandes cidades de tradição liberal (como a "Meckerwiese" de Hamburgo ou o mais conhecido "Hyde Park Corner" de Londres), onde qualquer cidadão pode falar livremente e tentar captar a atenção dos transeuntes para o seu discurso.

gostavam de pintá-lo, com os seus cursos de água labirínticos. E agora se deslizava ao som de uma valsa vienense por baixo das mesmas pontes em que no verão, encostados ao parapeito, olhávamos para os barcos que cruzavam lentamente as águas escuras. Nas proximidades havia caminhos que se entrecruzavam e sobretudo, em lugares mais recuados, os refúgios – bancos "só para adultos". Havia-os nas caixas de areia circulares dos parques infantis, onde os menores brincavam ou ficavam especados, pensativos, até que outro o empurrasse ou a criada chamasse do seu banco onde, atrás do carrinho, fazia aplicadamente a sua leitura e mantinha a criança debaixo de olho praticamente sem levantar o olhar.

Mas deixemos essas margens. O lago, no entanto, está ainda vivo em mim no ritmo dos pés pesados dos patins, que, depois de uma corrida pelo gelo, voltavam a sentir debaixo de si as tábuas, entrando ruidosamente numa barraca onde havia um fogão de ferro aceso. Ao lado, o banco onde pesávamos uma vez mais a carga dos pés antes de nos decidirmos a desapertar as fivelas. Quando, por fim, a perna repousava de través sobre o joelho e o patim se soltava, era como se nos crescessem asas nas solas dos pés, e saíamos com passos que faziam a sua reverência ao chão gelado. A música que vinha da ilha acompanhava-me ainda um pouco no caminho de casa.

O anãozinho corcunda

Na minha infância gostava de olhar através de umas grades horizontais que nos permitiam ficar diante de uma vitrine, ainda que debaixo dela houvesse uma abertura que servia para deixar entrar um pouco de luz e ar nas caves. As aberturas das caves eram mais entradas para o mundo subterrâneo do que saídas para o ar livre cá em cima. Isso explica a curiosidade com que eu olhava lá para baixo através das grades, para levar comigo, vinda do subterrâneo, a imagem de um canário, de um candeeiro ou de um dos moradores. Nos dias em que a busca tinha sido em vão, a noite seguinte por vezes virava o espeto, e os sonhos traziam-me olhares que me fixavam e prendiam, vindos desses buracos das caves. Eram-me lançados por gnomos com gorros pontiagudos. E mal ainda me tinham aterrorizado até a medula, logo desapareciam. Eu fiquei sabendo com o que contava quando um dia dei com estes versos no *Deutsches Kinderbuch* [O Livro Infantil Alemão]:

"Quis descer à minha adega / Para ir buscar o meu vinho, / Está lá um anão corcunda / Que me rouba o meu jarrinho." Eu conhecia os desta espécie, apostados em fazer mal e pregar peças, e não me admirava nada que gostassem de adegas. Era a "canalhada".[24] Dessa espécie eram também os companheiros da noite, aqueles que atacam o Galinho e a Galinha no Monte das Nozes – a Agulha e o Alfinete, que aí gritam que a escuridão vai cair a pique. Eles provavelmente sabiam mais coisas desse corcunda. De mim não se aproximou. Só hoje sei como se chamava. Foi a minha mãe quem me disse. "Já chegou o desastrado!", dizia ela quando eu quebrava alguma coisa ou caía. Agora entendo o que ela queria dizer. Referia-se ao anão-zinho corcunda que tinha olhado para mim. Aqueles para quem ele olha não dão atenção ao que fazem. Nem a si, nem ao corcundinha. Ficam encavacados diante de um monte de cacos. "Quis ir à minha cozinha / Fazer a sopa, e já nela / Me espera um anão corcunda / P'ra me partir a panela." Onde ele aparecesse, quem ficava a perder era eu. E o que perdia eram as coisas, até que no decorrer do ano o jardim se transformava num jardinzinho, o meu quarto num quar-tinho e o banco num banquinho. As coisas minguavam, e era como se lhes crescesse uma corcunda que as tornava coisas do anãozinho. O anãozinho antecipava-se-me em tudo. Antecipando-se, lá estava ele no meu caminho. De resto, não me fazia nada, esse bailio pardo, a não ser cobrar metade do esquecimento de cada coisa de que eu me aproximasse: "Se pr'o quarto de comer / Com a minha papa vou, / Está lá um anão corcunda: / Já metade me levou". Era assim que o anãozinho aparecia muitas vezes. Mas eu nunca o vi. Só ele é que me via. Via-me no meu esconderijo e diante do poço da lontra, nas manhãs de inverno e diante do telefone no corredor da cozinha, no Brauhausberg com as borboletas e na minha pista de patinação ao som da música da banda. Há muito tempo que se despediu. Mas a sua voz, que é como o zumbido da camisa do candeeiro a gás, atravessa o limiar do século e vem sussurrar-me as palavras: "Reza, meu menino, anda, / Pelo anãozinho corcunda!".

---

[24] "Canalhada" [*Lumpengesindel*] é precisamente o título de um conto dos Irmãos Grimm, em que intervêm as personagens a seguir referidas: a galinha e o galinho, a agulha e o alfinete.

APÊNDICE

O carrossel

A plataforma com os bichos de serviço gira rente ao chão. Tem a altura certa para se sonhar que se voa. A música começa, e a criança afasta-se da mãe aos solavancos. Primeiro, tem medo de deixar a mãe. Depois, o menino percebe como ele próprio lhe é fiel. Sentado no seu trono, domina, sobranceiro e fiel, um mundo que lhe pertence. Na linha tangencial, árvores e indígenas formam alas. E de repente, eis que a mãe volta a aparecer num Oriente. Da floresta virgem emerge depois uma copa alta, como a criança já a viu há milênios, como agora a vê no carrossel. O bicho que escolheu afeiçoa-se-lhe: cavalga sobre o seu peixe mudo como um silencioso Árion, um Zeus-touro de madeira rapta-a, qual Europa sem mácula. Há muito tempo que o eterno retorno de todas as coisas se fez sabedoria de criança, e a vida uma embriaguez de dominação primordial, com o realejo ensurdecedor ao centro, como tesouro da coroa. Quando o andamento começa a abrandar, o espaço começa a gaguejar e as árvores a voltar a si. O carrossel torna-se terreno inseguro. E aparece a mãe, a estaca tantas vezes abordada em volta da qual a criança, ao atracar, enrola a amarra do olhar.

O despertar do sexo

Numa daquelas ruas que eu mais tarde viria a percorrer de noite, em infindáveis caminhadas, surpreendeu-me o despertar da pulsão sexual, na altura certa mas em circunstâncias estranhas. Era o dia do ano novo judeu, e os meus pais tinham providenciado para que eu participasse de qualquer festividade religiosa. Talvez na comunidade reformada pela qual a minha mãe, por tradição familiar, nutria alguma simpatia. Tinham-me mandado buscar um parente afastado, com quem devia ir. Mas, ou por ter esquecido a morada, ou por não conhecer bem a zona, começou a fazer-se cada vez mais tarde e a minha deambulação não tinha fim à vista. Não me atrevia a ir sozinho para a sinagoga, nem isso seria possível, pois era o meu protetor quem tinha as senhas de entrada. Os principais culpados do meu infortúnio eram a antipatia pelo quase estranho de quem dependia, e a suspeita em relação às cerimônias religiosas, que só prometiam uma situação embaraçosa. De repente, no meio daquela perplexidade, invadiu-me uma onda quente de medo ("tarde demais para ir à sinagoga"), e no mesmo instante, ainda antes de a primeira desaparecer, emergiu outra, agora de total irresponsabilidade ("seja o que for que aconteça, isto não tem nada a ver comigo"). E as duas ondas convergiram imparavelmente na primeira sensação de prazer, em que se misturavam a profanação do dia santo e a cumplicidade da rua, que aqui me fez antever pela primeira vez os serviços que iria prestar àquela pulsão desperta.

Comentário

NOTA

Este comentário segue, em todos os volumes, o da edição original alemã mais completa da Obras de Benjamin (*Gesammelte Schriften*, da responsabilidade de Rolf Tiedemann e Hermann Schweppenhäuser), bem como, no caso de *Rua de mão única*, o da nova edição crítica (*Werke und Nachlaß. Kritische Gesamtausgabe*, vol. 8, ed. de Detlev Schöttker e Steffen Haug, Frankfurt/Main, Suhrkamp Verlag, 2008). Adaptei os comentários ao destinatário de língua portuguesa e atualizei lacunas. As passagens em itálico provêm todas de textos e cartas de Benjamin.

As citações das Cartas no aparato crítico da edição alemã das Obras de Walter Benjamin referem ainda à edição em dois volumes, organizada por G. Scholem e Adorno (W. Benjamin, *Briefe* [Cartas]. Herausgegeben und mit Anmerkungen versehen von Gershom Scholem und Theodor W. Adorno. Frankfurt/Main, Suhrkamp Verlag, 1966). Foi, entretanto, editada a correspondência completa de Benjamin (*Gesammelte Briefe* in sechs Bänden [Correspondência Completa, em seis volumes], org. de Christoph Gödde e Henri Lonitz [Arquivo Theodor W. Adorno], Frankfurt/Main, Suhrkamp Verlag, 1995-2000). Uma vez que é esta hoje a edição de referência para as Cartas de Benjamin, todas as citações no Comentário desta edição remeterão para ela, indicando, no entanto, também a fonte na primeira edição das Cartas. Para isso, serão usadas as siglas Br. (= *Briefe*, para a edição de Scholem/Adorno, em dois volumes) e GB (= *Gesammelte Briefe,* para a edição completa), seguidas do número de página e, no caso desta última edição, também o do volume. Sempre que apareça apenas a referência a GB, isso significa que a carta em questão não figura na edição de Scholem/Adorno. As referências à edição original das Obras (*Gesammelte Schriften*) utilizam a sigla GS, seguida do volume e do número de página.

RUA DE MÃO ÚNICA
(p. 7-65)

A primeira indicação sobre o seu plano de reunir em livro um conjunto de aforismos foi dada por Benjamin numa carta a Scholem, datada de 22 de dezembro de 1924: *Estou a preparar (como edição de autor ou comercial) uma "Plaquette para Amigos" ("plaquette" é o nome que se dá na França a uma brochura de poucas páginas, com poemas ou coisas semelhantes – um termo técnico dos livreiros). A ideia é reunir em vários capítulos, cujo título será apenas o nome de uma pessoa das minhas relações, os meus aforismos, textos jocosos, sonhos* (Br., 367; GB, II, 510). Em 11 de junho de 1925 Benjamin enviou a Hofmannsthal *um pequeno manuscrito com aforismos*, com o seguinte pedido: *Ficar-lhe-ia muito agradecido se pudesse fazer uma leitura, com vista ao eventual preenchimento de alguma página vazia dos* Beiträge [a revista *Neue Deutsche Beiträge*, dirigida por Hofmannsthal, e onde já tinha saído, em agosto de 1927, a pré-publicação do capítulo sobre a melancolia de *Origem do drama trágico alemão*, N.T.] *a que alguns se ajustem melhor. Sei que há entre estes escritos alguma matéria pessoal a que uma publicação como a vossa daria um rosto condigno* (Br., 388; GB, III, 50-51). A revista, no entanto, não publicou os aforismos de Benjamin. Mas saíram no jornal *Berliner Tageblatt*, em 10 de julho de

1925, as "Treze teses contra os snobes", o primeiro texto publicado do conjunto que mais tarde seria reunido em *Rua de mão única*. Os manuscritos mais antigos e datáveis de *Rua de mão única* são as notas para o texto que no livro traz o título "Panorama imperial"; mas não é possível confirmar se nessa altura Benjamin já pensava numa coletânea de aforismos. Essas notas devem ter-se seguido a uma viagem da qual Benjamin dá conta a Rang em carta de 24 de fevereiro de 1923: *Esses últimos dias de viagem pela Alemanha levaram-me de novo ao limite da desesperança e a olhar para o fundo do abismo* (Br., 299; GB, II, 317). Em setembro de 1923, quando da ida de Scholem para a Palestina, Benjamin ofereceu-lhe um manuscrito sem título, em forma de rolo, e cujo tema era a Alemanha da inflação. Um outro manuscrito anterior e muito mais extenso ("Ideias para uma análise da situação da Europa Central") encontra-se no Arquivo Benjamin (Manuscritos 854 a 859). Em 16 de setembro de 1924 Benjamin relatava a Scholem que *a "Análise descritiva da decadência alemã" (aqui e ali alargada) deve sair no número de inverno da* Rote Garde *[Guarda Vermelha] em Moscou* (Br., 355; GB, II, 483). A publicação não se verificou. Mas em 1927 saiu na revista *i 10* a tradução holandesa de um texto que constitui uma versão intermediária entre as duas manuscritas e a que foi incluída em "Panorama imperial".

Vários textos foram ainda publicados em jornais e revistas antes do aparecimento de *Rua de mão única*. Em 1926 Benjamin publica, com os títulos "Kleine Illuminationen" [Pequenas Iluminações] e "Häfen und Jahrmärkte" [Portos e Feiras], conjuntos de vários textos. Em 1927 foram editadas as coletâneas parciais *Bemerkungen* [Anotações], *Einbahnstraße* [*Rua de mão única*] e *Aphorismen* [*Aforismos*], em que alguns textos se repetem. Mais alguns textos foram publicados isoladamente, nomeadamente "A técnica do escritor em treze teses" (1925), três peças de "Ampliações", sob o título "Crianças" (1926), e "Filatelia" (1927). Em agosto ou setembro de 1925 Benjamin assinou um contrato com a editora Ernst Rowohlt, à qual tinha sido recomendado por Hofmannsthal (ver carta de 8 de novembro de 1925, a Hofmannsthal). Em 21 de setembro de 1925 lemos em carta a Scholem: *[A editora] garante-me uma mensalidade fixa para o próximo ano e edita* Origem do drama trágico alemão, As Afinidades Eletivas, de Goethe *e* Plaquete para Amigos. *O terceiro é um livrinho de aforismos, mas ainda não decidi se mantenho este título* (Br., 404; GB III, 85). Benjamin tinha proposto o livro também ao editor Richard Weißbach, como se deduz de uma carta a este, datada de 22 de setembro de 1925: *O senhor nem respondeu a uma das minhas últimas cartas, em que lhe falava de um volume de aforismos de minha autoria (entretanto, pode considerar o meu pedido sem efeito).* (GB, III, 88). E em 5 de abril de 1926, Benjamin escreve a Scholem: *Rowohlt adiou a saída das minhas coisas para o outono [...] Em compensação, receberás em outubro, como espero, o volume de aforismos em que uma grande parte das anotações são inéditas para ti* (Br., 416; GB, III, 133). No ano de 1926 Benjamin vive pelo menos entre fim de março e meados de junho em Paris, e continua aí a trabalhar no livro de aforismos. É essa estada em Paris que parece ser mencionada em carta posterior a Hofmannsthal: *Encontrei em Paris a forma para aquele livro de apontamentos de que lhe mandei há muito tempo, um tanto precipitadamente, alguns exemplos* (Br., 446; GB, III, 259). Deve ter sido escrito nessa altura o texto "Sala do café da manhã", que tem ligações com a descrição que Benjamin faz do "regime" que seguia, e que envia a Julia Radt em carta de 8 de abril de 1926 (Br., 420-21; GB, III, 138-39). Algumas semanas mais tarde, Benjamin volta a escrever a esta correspondente: *Escrevi depois [...] algumas notas que me agradam muito; em particular uma, sobre marinheiros (e o modo como eles veem o mundo), outra sobre a propaganda, outras sobre vendedoras de jornais, a pena de morte, feiras, barracas de tiro, Karl Kraus — tudo ervas amargas, das que agora cultivo com paixão na minha horta* (Br., 423; GB, III, 151). Em *Rua de mão única* encontramos cinco desses apontamentos (com os títulos "Cerveja ao balcão", "Espaços livres para alugar", "Cabeleireiro para damas sensíveis", "Alvos" e "Monumento aos combatentes"); o fragmento sobre "Vendedoras de jornais" não foi identificado; como o texto sobre "Feiras" parece tratar de feiras parisienses (ver Br., 421; GB, III, 139), não coincide com a seção "Não está à venda" (incluída em "Brinquedos"). Esse texto deve ter sido escrito pouco depois de 21 de setembro de 1925, quando Benjamin conta a Scholem: *Em Lucca fui recebido na noite da minha solitária chegada pela mais estranha das feiras. Registro o fato, no lugar do que seria um diário de viagem* (Br., 403; GB, III, 84). Ainda em carta a Scholem, de 29 de maio de 1926, Benjamin comunica-lhe que trabalha *no livro de apontamentos, a que não gosto de chamar livro de aforismos [...] O último título que encontrei —*

há vários outros anteriores – é "Rua cortada ao trânsito!" (Br., 428; GB, III, 161). Em 18 de setembro desse ano Benjamin dá por concluído o livro, a que chama pela primeira vez *Rua de mão única* (ver Br., 433; GB, III, 197). E escreve a Hofmannsthal em 30 de outubro sobre a situação da edição: *De momento, e antes de falar novamente com Rowohlt, não posso esclarecer a situação. Devo-lhe um derradeiro ultimato nessa matéria. (Alguma influência nisso tem também a minha vontade de ver os meus livros, na medida do possível, editados com a mesma chancela; o meu novo livro de apontamentos ou aforismos não teria facilmente lugar numa editora científica, e Rowohlt aceitou-o). O mais importante continua a ser a necessidade de ter o livro sobre o Barroco editado dentro de poucos meses. Se Rowohlt não me der garantias absolutas, então deixaria o próximo passo nas suas mãos, com toda minha gratidão e confiança.* E na mesma carta escreve ainda: *O livro de apontamentos, bem ou mal, vai aproveitando esse inaceitável atraso na publicação, e cresceu ainda um pouco em Marselha e aqui [em Berlim]* (Br. 435-36, 437; GB, III, 207, 208). Em junho de 1927 Benjamin manifestava a esperança de poder publicar excertos de *Rua de mão única* em tradução francesa (ver Br., 446; GB, III, 259), o que nunca se veio a concretizar. O livro acabou por sair, com o título *Einbahnstraße* [*Rua de mão única*], na editora Ernst Rowohlt, de Berlim, em janeiro de 1928. O volume, brochado, tinha uma concepção tipográfica muito particular e moderna, e a capa foi concebida sobre uma fotomontagem de Sascha Stone. Benjamin dá conta da recepção do livro em carta a Scholem, de 30 de janeiro: *Não sei ainda nada sobre a recepção dos meus livros. Digno de menção é apenas o fato de uma série de jornais terem publicado excertos (sem pagamento de direitos) de* Rua de mão única, *antecedidos, como é costume, de algumas palavras encomiásticas. Stefan Grossmann, o editor da revista* Das Tagebuch, *ofereceu-me colaboração regular depois da saída do livro. Algumas livrarias de Berlim farão vitrines especiais com os meus livros. De Freiburg dizem-me que o representante da Rowohlt vendeu no primeiro dia 15 exemplares da* Rua de mão única, *e que a Sociedade Literária local pretende convidar-me para uma conferência* (Br., 457; GB, III, 325). Os jornais que fizeram pré-publicações foram, entre outros, *Die literarische Welt, Vossische Zeitung, Berliner Börsenkurier*, a revista *Die Weltbühne* e o *Prager Tagblatt*. As únicas resenhas mais aprofundadas do livro foram feitas por Siegfried Kracauer ("Zu den Schriften Walter Benjamins" [Sobre as Obras de W. B.], *Frankfurter Zeitung*, 15 de julho de 1928;

reprodução ligeiramente modificada no livro de Kracauer *Das Ornament der Masse* [O Ornamento das Massas], Frankfurt/Main, 1963, p. 249 segs.) e Ernst Bloch ("Revueform in der Philosophie" [A filosofia em forma de revista teatral], *Vossische Zeitung*, 1º de agosto de 1928; versão muito modificada em: *Erbschaft dieser Zeit* [Herança do Nosso Tempo], Zurique, 1935, p. 276 segs.).

Rua de mão única representa uma virada na evolução do pensamento de Walter Benjamin. Ele próprio entendeu assim esse livro, como mostra uma carta a Scholem, de 5 de abril de 1926: *Nele [no livro] cruzam-se duas fisionomias minhas, uma mais antiga e outra mais recente, o que não ajudará ao seu reconhecimento em termos de evidência, mas será tanto mais interessante para ti – se me é permitido dizê-lo –, seu observador silencioso e experiente* (Br., 416; GB, III, 133). Numa carta posterior, para o mesmo destinatário, pode ler-se: *Os meus "aforismos" resultaram numa curiosa organização, ou construção: uma rua que permite descobrir uma perspectiva de uma profundidade tão imprevista – e uso o termo em sentido não metafórico! – como, por exemplo, a do célebre cenário de Palladio em Vincenza, "A rua"* (Br., 433; GB, III, 197). Benjamin parece também querer intervir em favor deste livro, ainda antes de ele sair, junto de Hofmannsthal, alguém de quem dificilmente poderia esperar compreensão pela sua virada para o marxismo: *O livro apresenta-se como uma construção heterogênea, ou antes, polarizada, de cuja tensão talvez resultem alguns lampejos de uma luz demasiado crua, algumas descargas demasiado estrondosas (mas espero que não encontre nele o som artificial do trovão produzido no palco)* (Br., 437; GB, III, 208). Ainda a Hofmannsthal – em cujo espólio se encontra um exemplar com a dedicatória: *A Hugo von Hofmannsthal, também este* – escreve Benjamin depois da publicação do livro: *Tenho um pedido a fazer-lhe: não veja em nada do que possa chocá-lo, na forma interna ou externa do livro, qualquer compromisso com as "tendências dos tempos". É precisamente nos seus elementos mais excêntricos que este livro é, se não troféu, pelo menos documento de uma luta interior cujo objeto se poderia resumir nas seguintes palavras: captar a atualidade como o reverso do eterno na história e tirar uma impressão dessa face escondida da medalha. De resto, o livro deve muito a Paris, é uma primeira tentativa de escrever a minha relação com essa cidade. Tenciono continuar com um segundo livro, a que chamarei "As Passagens de Paris"* (Br., 459; GB, III, 331). A sugestão de uma relação entre a *Rua de mão única* e *Das Passagen-Werk* aparece já mais cedo, numa carta a Scholem: *Logo que acabe o trabalho que me ocupa neste momento, de forma ainda tateante, periférica – ao ensaio muito particular e altamente precário das "Passagens de Paris. Uma fantasia dialética" – [...], terei concluído um ciclo da minha produção – o da* Rua de mão única –, *de forma semelhante ao do livro sobre o drama trágico, que fechou o ciclo germanístico* (Br., 455; GB, III, 322). Benjamin sugere ainda a Scholem que o texto "Filatelia" de *Rua de mão única*, de forma ainda tímida, dá o tom para as "Passagens de Paris" (Br., 462; GB, III, 345). E noutra carta reconhece que *as "Passagens de Paris" tratarão precisamente daquilo a que um dia, ao ler* Rua de mão única, *aludiste: conseguir dar a concreticidade extrema de uma época, tal como ela surgia naquele livro a propósito de jogos de infância, de um edifício ou de uma situação de vida* (Br., 491; GB, III, 454. Ver também a "Introdução à edição alemã" d'*O Livro das Passagens*). *Rua de mão única* tem, em muitos motivos, afinidades com outras obras de Benjamin, em particular *Infância berlinense: 1900*, no qual alguns textos do conjunto "Ampliações" se repetem quase literalmente.

Numa carta de outubro de 1928, Benjamin refere-se a *adendas* para *Rua de mão única* (Br., 484; GB, III, 421). Na primavera de 1932, altura em que escrevia na ilha espanhola de Ibiza um texto intitulado "Sequência de Ibiza", Benjamin nota, em carta a Gretel Adorno, que *se surpreendeu a si mesmo a retomar a forma de apresentação da* Rua de mão única *para uma série de outros motivos que se prendem com os mais importantes desse livro* (Br., 552; GB, IV, 96). Na introdução à edição dos *Schriften* [Escritos] de Benjamin, em 1955, Adorno chamou também a atenção para o fato de Benjamin "planejar acrescentar à segunda edição de *Rua de mão única* as peças aforísticas que, pela sua natureza, se integram nesse livro". De fato, encontra-se no espólio de Benjamin uma *Lista de adendas a Rua de mão única* ("Nachtragsliste zur Einbahnstraße", Arquivo Benjamin, Manuscrito 861), com muitos dos títulos que figuram na edição em livro, e alguns outros que não foram incluídos, mas se destinariam a uma segunda edição, ou talvez a um segundo livro de aforismos. Com exceção de quatro, foram todos incluídos na coletânea *Denkbilder* (*Imagens de Pensamento*, próximo volume das obras de Walter Benjamin pela Autêntica Editora).

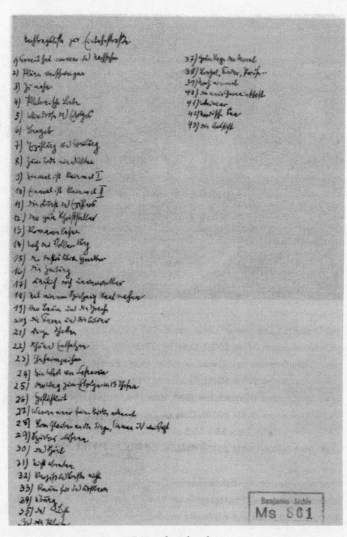

Lista de adendas

Haveria provavelmente mais cartas e documentos relacionados com *Rua de mão única* na última residência de Benjamin em Berlim, na Prinzregentenstraße. Quando ele foi para Ibiza, em março de 1933, e daí diretamente para Paris em setembro, parte dos seus papéis ficou nessa casa. Parte do inventário teria sido transportado por vizinhos e amigos para local incerto em 1939; a casa foi destruída durante a guerra. Também o arquivo da editora Rowohlt em Berlim e a Tipografia Poeschel & Trepte, em Leipzig, onde o livro foi feito, desapareceram com os bombardeamentos.

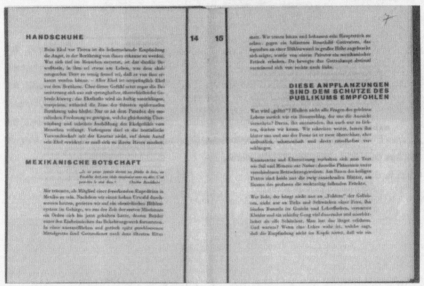

Capa e *layout* da primeira edição

Sobre os textos

Grande parte dos textos incluídos na edição em livro de *Rua de mão única* (*Einbahnstraße*. Berlim, Ernst Rowohlt Verlag, 1928) tinha já sido publicada antes em jornais, revistas ou coletâneas, alguns deles em versões diferentes das do livro. Entre 1925 e 1928, Benjamin vai publicando grande parte desses "apontamentos" nos jornais *Berliner Tageblatt* (1925), *Die literarische Welt* (1925-1927), *Frankfurter Zeitung* (1926-1927), *Magdeburgische Zeitung* (1927) e *Vossische Zeitung* (1927); em tradução holandesa na revista *i 10. Internationale Revue*, de Amsterdã (n.º 1, 1927); e ainda na coletânea organizada por Ignaz Jezower *Das Buch der Träume* [O Livro dos Sonhos] (Berlim, 1928).

Anúncio no jornal *Die Literarische Welt* de 25 de maio de 1928

Número 113

Os versos em epígrafe poderão ser, segundo Werner Kraft, do próprio Benjamin ou de Christoph Friedrich Heinle (1894-1914), companheiro de estudo de Benjamin em Freiburg, que se suicidou no começo da Primeira Grande Guerra. (Benjamin escreverá os seus *Sonetos* nos anos seguintes, na sequência desse suicídio: ver Vasco Graça

Moura, *Os Sonetos de Walter Benjamin*. Porto, Campo das Letras, 1999).
Num dos ensaios que escreveu sobre a poesia de Heinle, Kraft anota que
"os dois versos abordam um problema que na altura era totalmente novo,
e que interessava tanto a Benjamin e Heinle quanto a mim próprio: o
abalo daquela noção de "Gestalt" [forma] que dominara a poesia alemã
durante um século e que Benjamin via como centro negativo do livro
de Gundolf sobre "Goethe" aparecido durante a Primeira Guerra. Os
poemas de Heinle, enquanto escrita original contra a "forma", teriam
tanto atraído Benjamin quanto chocado Hofmannsthal" (W. Kraft,
"Über einen verschollenen Dichter" [Sobre um poeta desaparecido],
Neue Rundschau, n. 78/1967, p. 615 segs.).

Para homens

Este aforismo, o mais curto de todo o livro, pode ter uma
dupla leitura, impossível de dar na tradução, mas que é importante
comentar, na medida em que cruza um ponto de vista e uma convicção em que práticas de linguagem e práticas sexuais são vistas em
analogia, o que não é raro em Benjamin. O original diz: *Überzeugen
ist unfruchtbar. Überzeugen* significa, numa primeira acepção (a que
ficou na tradução), "convencer" (e teria então a ver com uma prática
linguístico-retórica meramente instrumental, e não criativa); mas pode
também ser lido como *über-zeugen*, significando então "procriação em
excesso", e referindo-se a uma sexualidade meramente orientada para
a procriação e, assim, paradoxalmente "estéril", tal como acontece
com a retórica da mera persuasão. Ver, sobre essa "imagem de pensamento" por excelência, o capítulo VII ("Für Männer – Überzeugen
ist unfruchtbar: Zum Zusammenhang von Eros und Sprache" [Para
Homens – Convencer/procriar em excesso é estéril: sobre a cone-
xão entre Eros e a linguagem]) no livro de Sigrid Weigel, *Entstellte
Ähnlichkeit. Walter Benjamins theoretische Schreibweise*. Frankfurt/Main,
Fischer Taschenbuch Verlag, 1997.

Panorama imperial

Do conjunto de textos sobre a inflação alemã do pós-guerra
existem versões preliminares, que repetem em grande parte o texto

final (embora noutra ordem) e contêm alguns fragmentos não incluídos na edição em livro, mas que não acrescentam nada de substancial à versão final (Manuscritos 854-859, reproduzidos no original em: GS IV/2, p. 916-928). Uma outra versão, corrida e mais curta, é a do manuscrito que Benjamin oferece a Gershom Scholem quando este vai para a Palestina em 1923 (já referido atrás). A tradução holandesa publicada na revista *i 10* (n.º 2/1927) contém uma nota de apresentação que traduz de forma clara a intenção desse conjunto de textos, e que por isso se reproduz aqui:

Com o fim da guerra de quatro anos começou na Alemanha a inflação, que já se propaga há oito anos. Atinge umas vezes este, outras aquele país, e mantém-se durante meses ou semanas. Mas para a classe dominante na Europa, esses meses e semanas já bastam para constantemente anunciarem o restabelecimento da "situação de estabilidade anterior à guerra". Mas não entendem que foi precisamente a guerra (que querem esquecer) que constituiu a estabilização dessa situação – consequente até a loucura –, e que o seu fim coincide precisamente com o fim dessa situação. Aquilo que os irrita, como o mau tempo que não quer acabar, é de fato e realmente a decadência do seu mundo. O barômetro em baixa da situação econômica, que na Alemanha dura há anos, possibilita pela primeira vez uma reflexão a partir desses sinais de um novo dilúvio.

Estimulá-la não é missão da história, mas da política; não compete ao cronista, mas ao profeta.

Número 13

A epígrafe de Mallarmé pode encontrar-se em *Oeuvres complètes*, org. de Henri Mondor e G. Jean-Aubry. Paris (= Bibliothèque de la Pléiade), 1961, p. 381.

Artigos de armarinho

O primeiro texto dessa série derivou provavelmente das seguintes anotações (Manuscrito 706):

Inexpressividade – caricatura
(Invisibilidade) máximo do que se pode exprimir
A caveira é ambas as coisas no seu máximo:
O máximo do grau zero da expressão: as cavidades orbitais

O máximo do que se pode exprimir: a dentadura arreganhada

O riso arreganhado

O riso que arreganha os dentes e a aparência estão intimamente ligados. Só quando uma aparência se coloca à frente de um ser (ou é esse ser) este ri arreganhando os dentes. Por isso é que há uma ligação com o arreganhar de dentes numa das formas de sorriso que assentam na aparência, e na outra não: esta é a do sorriso infantil, feliz.

(Fonte. Arquivo Benjamin, manuscrito 706)

Ampliações

Muitos dos textos desse conjunto foram também incluídos, em versões ligeiramente diferentes, em *Infância berlinense: 1900*. No espólio de Benjamin encontra-se a seguinte anotação sobre eles:

Sobre os retratos de crianças em Rua de mão única*: temos absoluta-mente de pensar se a seriedade não objetiva do modo de ver infantil não poderá ser definida do seguinte modo: a criança só conhece totalidades. Concretamente, substâncias nas quais ela é mesmo capaz de transformar todas as funções e todas as relações. Lembro apenas a frase de Berthold Auerbach (de* Schrift und Volk *[Escrita e Povo], Leipzig, 1846, p. 35): "Quando somos mais velhos, este pequeno mundo [Auerbach fala aqui, mas isso é secundário, da sua vila natal] já não pode ser apreendido como um todo, porque aponta sempre para o maior".*

(Fonte: Arquivo Benjamin, manuscrito 914)

Relógios e joias de ouro

O texto, como outros do livro, "nasceu dos seguintes aponta-mentos muito mais antigos, que remontam provavelmente aos anos em que Benjamin se aproximou da ideologia dos movimentos juve-nis (*Jugendbewegung*) dos começos do século XX, sob a influência de Gustav Wyneken (1875-1964) no internato de Haubinda (os primeiros poemas e artigos de Benjamin aparecem em 1910, sob o pseudonimo Ardor, na revista do movimento, *Der Anfang* [O Começo]):

Estados da percepção

No verão apercebemo-nos mais das sombras acentuadas, no inverno da luz clara.

No verão são as pessoas gordas que dão mais nas vistas, no inverno as magras.

Na primavera damos pela folhagem nova quando o tempo está ensolarado e claro; quando está frio e chove, reparamos mais nos ramos despidos.

Ao mais autêntico sentimento de pertença a uma cidade associa-se, para os seus habitantes – e talvez também na memória do viajante que aí se deteve –, o som e os intervalos com que batem os relógios das suas torres.

O que confere o caráter mais inconfundível à primeira impressão de uma vila ou de uma cidade na paisagem é o fato de, na sua imagem, a distância intervir com a mesma importância que a proximidade. Esta ainda não ganhou primazia devido à exploração constante do lugar, que se transforma em hábito. Quando começamos a orientar-nos no lugar, aquela primeira imagem nunca mais se repetirá.

(O sentido do tato não nos fornece elementos sobre os limites de quem toca – os dedos –, mas daquilo em que tocamos – o objeto: Dr. Mannheim).

Andar de dois modos diferentes: tocar num ponto da terra, ou tocar a terra num ponto. O primeiro é o nosso; quando vemos ornamentos góticos, sabemos que épocas anteriores estiveram de posse do segundo.

À distância, não vemos folhas, mas as copas das árvores.

Quem viu o nascer do Sol num passeio, já vestido, mantém todo o dia, em relação aos outros, a superioridade de alguém que tem uma coroa invisível; e quando começa a trabalhar, por volta do meio-dia tem a sensação de que foi ele próprio a coroar-se. – Essa mesma hora, os primeiros momentos do alvorecer, são para aquele que neles se concentra o momento da mais funda purificação (a expressão "banhar-se na aurora" não é metáfora); mas para quem traz consigo máculas recentes, esse é o momento do julgamento que já se anuncia no seu íntimo.

(Fonte: Arquivo Benjamin, manuscrito 797)

Lâmpada de arco

Um comentário a esse aforismo numa cópia do espólio:

Conhecimento humano

O fato de só conhecermos os homens nas situações dúbias. Alta escola do conhecimento humano: o crente, o marido enganado, o professor, etc. Um sintoma de toda autêntica política: colocar, por princípio, o indivíduo (mas não as massas) em situações dúbias. O conhecimento humano foi desde sempre uma técnica política: só em épocas de muito baixo nível da vida política ele se torna diletantismo privado. Haveria, naturalmente, que distinguir as diversas formas de conhecer um ser humano. Nem todas as formas de conhecimento do ser humano correspondem a um conhecimento humano. Ver: "Só conhece verdadeiramente um ser humano aquele que o ama desesperadamente". Essa frase é verdadeira, mas abre uma perspectiva completamente diferente – nomeadamente para a relação com uma pessoa da qual não se apreendem quaisquer reações e práticas, que é passiva e contemplativa e que, em vez de trazer à luz tipos, com as reações que lhes são adequadas, como acontece com todo conhecimento humano, coloca diante de nós o ser humano sob inúmeras possibilidades (tal como fazem as crianças com todos os que as observam), como um único tipo.

(Fonte: Arquivo Benjamin, manuscrito 773)

Varanda

O fragmento intitulado "Asfódelo" retoma uma formulação do ensaio "As Afinidades Eletivas de Goethe", onde se lê: *A haver para os amantes um sinal, ele será o de que para ambos se fechou não apenas o abismo do sexo, mas também o da família.*

Perdidos e achados

Uma versão mais antiga de "Objetos perdidos" encontra-se em "Estados da percepção" (ver p. 130-131).

Recordações de viagem

O fragmento "Catedral de Friburgo" faz parte do texto "Estados da percepção" (p. 130-131).

Oculista

Os primeiros dois aforismos fazem parte do texto "Estados da percepção" (p. 130-131).

Consultor fiscal

O primeiro texto foi extraído da variante de "Panorama imperial" intitulada "Ideias para uma análise da situação da Europa Central". O segundo texto sobrepõe-se parcialmente a "Geld und Wetter (Zur Lesabéndio-Kritik)" [Dinheiro e condições atmosféricas. (Sobre a crítica a "Lesabéndio")]. Os apontamentos sobre o romance do arquiteto e escritor expressionista Paul Scheerbart *Lesabéndio* foram escritos provavelmente ao mesmo tempo que a "Segunda crítica a 'Lesabéndio'", que, segundo Scholem, é idêntica ao ensaio, várias vezes referido na correspondência, sobre "O verdadeiro político". Os apontamentos seguintes poderão, assim, ter sido escritos entre 1919 e 1921:

Dinheiro e condições atmosféricas (Sobre a crítica a "Lesabéndio")

A chuva é o símbolo do infortúnio nesta vida.

O pano que cai diante do drama do fim do mundo

A angustiante espera pelo Sol

Conhecer o que se passa com o dinheiro e com as condições atmosféricas

Nem numa coisa nem na outra há movimentos unidirecionais

O estado utópico do mundo sem condições atmosféricas

As condições atmosféricas são em si uma fronteira nas relações dos homens com o estado apocalíptico do mundo (tempestade), a bem-aventurança (ausência de fenômenos atmosféricos, sem nuvens); o dinheiro designa um outro termo, ainda desconhecido.

Chuva, trovoada: parada do fim do mundo. Relacionam-se com esta como uma constipação com a morte.

O dinheiro tem a ver com a chuva, não com o sol.

O espaço sem fenômenos atmosféricos do puro acontecer planetário: o tempo atmosférico como véu.

O dinheiro no romance de Kubin Die andere Seite *[trad. portuguesa:* O Império dos Sonhos, *Lisboa, Vega, 1986] tem a mesma função que as condições atmosféricas.*

(Fonte: Arquivo Benjamin, manuscrito 702)

INFÂNCIA BERLINENSE: 1900
(p. 67-116)

A *Infância berlinense* é provavelmente o caso editorial e filológico mais complexo de todos os textos de Walter Benjamin, que obrigou os organizadores da edição crítica alemã a sucessivas revisões e ao reconhecimento, em 1972, de que "a situação textual de *Infância berlinense* nem de longe está esclarecida" (GS IV/2, 972), e à inclusão, num volume de "Suplementos", da "versão completa de última mão" (original em GS VII/1, 385-433), que aqui se reproduz. Esse livro é, de fato, um complexo movediço e mutante de textos, no que se refere à sua ordenação, seleção, versões, variantes e posicionamento narrativo (na terceira ou na primeira pessoa, consoante as épocas e as versões). Trata-se de textos semificcionais que Benjamin vai escrevendo, e só em parte publicando, entre 1926 (publicação dos primeiros seis excertos da *Berliner Chronik* [Crônica Berlinense] no jornal *Die literarische Welt*) e 1938, data da redação, em Paris, da chamada "versão completa de última mão". Durante esse período, Benjamin foi permanentemente reescrevendo, acrescentando e organizando os textos em várias versões, de que se conhecem até hoje cinco, três das quais são descoberta recente, posterior à inclusão, na edição crítica alemã (GS IV/1, 235-304), da primeira versão publicada em 1972, com base na chamada "versão Adorno-Rexroth", já editada por esses dois autores em 1950 e 1955. Foi essa versão que serviu de base para grande parte das traduções do livro, incluindo a tradução portuguesa anterior a esta edição (*Infância em Berlim por volta de 1900*, Lisboa, Relógio d'Água, 1992, p. 109-197), que, no entanto, já poderia e deveria ter levado em conta a "versão de última mão" (o mesmo não se pode dizer da tradução brasileira da Editora Brasiliense, que é de 1987). Desta história complexa dará conta ainda o que se segue neste "Comentário", que inclui, em apêndice, as nove peças que constam da versão anteriormente editada, mas que Benjamin retirou da versão de última mão.

Esta versão de última mão, e sobretudo as "Palavras prévias" que a antecedem, sugerem, ou impõem mesmo, uma inflexão de leitura que explica, em parte, a escolha do título para esta tradução: infância "berlinense", e não "em Berlim", e simplesmente "1900" (em vez de "por volta de 1900", manifestamente pouco feliz para título em português), já que a data, neste novo contexto de leitura, deixa de o ser para se transformar em época (como acontece, entre outros casos, com o grande afresco cinematográfico de Bertolucci, intitulado simplesmente *1900*). Essa nota introdutória do autor, que não figura em nenhuma das outras versões, sugere, de fato, uma mudança de perspectiva, do sentido autobiográfico mais ou menos acidental dessas peças narrativas para a sua intencionalidade documental ou, como se lê nas "Palavras prévias" de Benjamin, para a *irreversibilidade do tempo passado, não como qualquer coisa de casual e biográfico, mas sim de necessário e social [...] Procurei apoderar-me das imagens nas quais se evidencia a experiência da grande cidade por uma criança da classe burguesa* (p. 69). A inflexão é importante, porque abre todo o espaço que, aqui como noutros lugares da obra de Benjamin, vai do conceito de "vivência" (*Erlebnis*) à categoria mais ampla de "experiência" (*Erfahrung*).

Gênese e primeiras versões

Na *Berliner Chronik* [Crônica Berlinense], a versão prévia de *Infância berlinense: 1900*, Benjamin esclarecia já: *Se eu escrevo melhor alemão que a maior parte dos escritores da minha geração, devo-o, em grande parte, à observância, ao longo de vinte anos, de uma única pequena regra que diz: nunca usar a palavra "eu", a não ser em cartas. Podem contar-se pelos dedos as exceções que me permiti a esse princípio. Esse fato teve consequências singulares, que têm uma relação estreita com os apontamentos que se seguem. Quando, um dia, me fizeram a proposta de escrever para uma revista, em forma solta e subjetiva, uma sequência de crônicas sobre os aspectos para mim mais significativos do dia a dia de Berlim – e depois de eu ter aceitado –, constatei de repente que este sujeito, que se habituara durante anos a ficar discretamente em plano de fundo, não se deixava facilmente convencer a subir para a ribalta. Mas, longe de protestar, preferiu recorrer à astúcia, e o fez de forma tão convincente que eu considerei a retrospectiva de tudo o que Berlim significara para mim no decorrer dos anos como o "prefácio" certo para essas crônicas. Se esse prefácio, até pela extensão, vai muito para além do espaço reservado às crônicas, isso se deve não apenas ao trabalho misterioso da memória – que é, afinal, a capacidade de fazer infinitas interpolações naquilo que já foi –, mas também às disposições tomadas pelo sujeito, que se sente na obrigação de exigir do seu "eu" que o represente mas não o venda* (GS VI, 475-76).

Benjamin começou provavelmente a escrever a "Crônica Berlinense", *uma série de anotações [...] que recuperam recordações antigas* (Br., 559; GB, IV, 128-29), durante a sua primeira estada em Ibiza, entre abril e julho de 1932. Os meses de agosto a novembro foram passados em Poveromo (Marina di Massa), onde trabalhou intensamente nesses textos, como se deduz da carta, em francês, a Jean Selz, de 21 de setembro de 1932: *Trabalhei muito, desde que aqui cheguei, numa série de anotações [...], uma espécie de recordações de infância, mas isentas de marcas demasiado individuais ou familiares. Uma espécie de tête-à-tête de uma criança com a cidade de Berlim por volta de 1900. É um trabalho que me ocupa quase em exclusividade, de modo que praticamente não leio nada* (GB, IV, 132). A *Berliner Chronik* só foi publicada em 1970; o manuscrito do Arquivo Benjamin (com o número 672) e a sua relação com a *Infância berlinense* foram nessa altura comentados pelo organizador da edição, Gershom Scholem (cf. *Berliner Chronik*, posfácio de G. Scholem. Frankfurt/Main, 1970, p. 123 segs.). Regressado a Berlim, Benjamin começa a rever as anotações no outono de 1932, prometendo a Adorno (com quem se ia encontrar em Frankfurt), em 10 de novembro desse ano: *Vou levar comigo um novo manuscrito – um livro mínimo – que o vai deixar espantado* (GB, IV, 144). Trata-se provavelmente da versão revista da "Crônica Berlinense", agora já chamada *Infância berlinense: 1900*, se levarmos em conta o que escreve numa carta de 1938: *Em 1932 comecei a escrever um pequeno livro,* Infância berlinense: 1900 (Br., 755; GB, VI, 72). Em 1º de dezembro comunica ainda a Adorno: *Cada minuto que tenho livre dedico-o à* Infância berlinense. *Não sei se conseguirei aqui acrescentar novas peças às antigas. Mas já comecei com o trabalho de reformulação de alguns esboços* (GB, IV, 145). Pelo Natal de 1932 saiu num suplemento do jornal *Vossische Zeitung* o texto "Um anjo de Natal", a primeira peça publicada de *Infância berlinense*. Benjamin parece ter concluído uma redação provisória do livro depois de 1932, pois enviou a Scholem um manuscrito do livro, e recebeu em meados de janeiro de 1933 a opinião do amigo (ver Br., 560; GB, IV, 156). Benjamin responde: *O que, apesar de todas as falhas, me leva a conceder a minha graça à tua carta, são as frases, tão edificantes quanto certeiras, que dedicas à minha* Infância berlinense. *Quando digo "certeiras" não falo, naturalmente, do elogio que fazes, mas sim, primeiro, do lugar do livro em que colocas essa sequência, e depois, das considerações muito especiais que dedicas* a *"O despertar do sexo"* [Scholem tinha sugerido a Benjamin que retirasse este texto, porque achava que, sendo o único que se refere explicitamente a uma problemática judaica, e aparecendo isolado, poderia dar chance a mal-entendidos: cf. GB, IV, 159]. *As tuas razões convencem-me, e vou agir de acordo com elas. Mas de resto não me dizes quase mais nada que possa ser visto como razão pertinente para a tua aceitação, a não ser que aqui e ali algumas passagens poderiam referir-se à tua própria infância. Com isso, a tua carta é um impulso importante para retomar o trabalho e acrescentar alguns textos novos. Mas aqui [em Berlim] tenho de ter duplo cuidado, já que não disponho da tranquilidade de uma grande praia e de um refúgio recatado. No entanto, há possibilidades de toda essa série começar a ser publicada no* Frankfurter Zeitung. *Mas há também perspectivas de mudança na redação do jornal, e não sei em que sentido as coisas irão evoluir.* (Br., 560 segs.; GB, IV, 156-57). Logo em 28 de fevereiro, em nova carta a Scholem, lê-se: *A desorganização no* Frankfurter Zeitung *continua. O responsável pelo suplemento cultural foi afastado, apesar de pouco tempo antes, com a contratação da minha* Infância berlinense *por um preço baixíssimo, ter revelado pelo menos alguma capacidade negocial. Agora parece que quem manda é Heinrich Simon. E a publicação dos meus textos está parada há mais de quinze dias. Há poucas esperanças de conseguir uma publicação em livro. Todos reconhecem que o trabalho é tão bom que alcançará a eternidade até assim, em manuscrito. Imprimem-se livros que precisam mais dela. De resto, desde há semanas que posso considerar o livro concluído, uma vez que cheguei ao número de trinta com a escrita do último texto – o primeiro na ordem que lhes dei, porque funciona como contraponto do último, sobre "O anãozinho corcunda". Não conto com a peça que, a conselho teu, retirei* (Br., 563; GB, IV, 162-63). Em fevereiro e março saíram no *Frankfurter Zeitung*, sob o título "Infância berlinense: 1900", doze peças em três séries. Pouco depois, o *Vossische Zeitung* publicava "A febre". Benjamin enviou ainda, provavelmente na primavera de 1933, um exemplar da *Infância berlinense* à editora Kiepenheuer.

Durante a sua segunda estada em Ibiza, de princípio de abril a princípio de outubro desse ano, Benjamin trabalha no "livro infantil", como o refere a Gretel Adorno. Uma carta de maio de 1933, para a mesma destinatária, fala da escrita de um texto intitulado "Acordar de noite", certamente o mesmo que depois recebeu o título "A Lua" (cf. GB, IV, 208). E a Scholem, em fins de julho, menciona um novo texto: *Uma nova peça, que acrescentei às anteriores, fez-me abandonar os outros trabalhos por algum tempo. Sob o título "Varandas", saíram-me algumas páginas das quais só posso prever o melhor e dizer que são o retrato mais exato que alguma vez fiz de mim próprio* (Br., 589; GB, IV, 267). Em agosto, Benjamin informa Gretel Adorno de que espera *concluir mais um texto* da Infância berlinense, *intitulado "A Lua". A semelhança que referes, entre as "Varandas" e "A febre", existe de fato. Para mim são duas peças com que me identifico muito, mas de modos diferentes; mais ainda a primeira, em que vejo uma espécie de autorretrato. Talvez o coloque a abrir o livro, em vez daquele outro, mais fotográfico, inserido em "A Mummerehlen". [...] Se eu não soubesse – e quanto mais tempo passa melhor o sei – da clandestinidade a que agora estão votados projetos como os da Infância berlinense, o destino que essa sequência teve na imprensa até agora me levaria ao desespero. Acontece, porém, que esse destino reforça a minha convicção do necessário secretismo em que coisas dessas têm de se desenvolver, e essa convicção ajuda-me de novo a resistir por agora à tentação de concluí-lo. O mais interessante é que não se trata de textos de há muito planejados que encontram o seu lugar junto dos outros, mas quase sempre de peças cuja ideia me surgiu pouco antes de me pôr a escrevê-las* (Br., 591-92; GB, IV, 275-76). Benjamin envia, de Ibiza, várias dessas peças aos jornais *Vossische Zeitung* e *Frankfurter Zeitung*; delas foram publicadas, quase sempre sob pseudônimo, "A Mummerehlen", "Duas imagens enigmáticas", "A caixa de leitura", "Armários", "Varandas", "O anãozinho corcunda", "A Lua", "Alfarrábios" e "Um fantasma". Benjamin reviu pelo menos a versão impressa de um dos textos, "Alfarrábios"; numa carta a Gretel Adorno, de 25 de junho, escreve: *Há mais uma [peça] que lhe vou enviar e que, de fato, é nova, mas não suficientemente nova na forma em que provavelmente a verá. Falo de "Livros para rapazes", de que lhe mandarei, se sair, um exemplar corrigido, porque alterei bastante o texto depois de enviá-lo para publicação* (GB, IV, 248). A conselho de Theodor Adorno (cf. GB, IV, 374), Benjamin propôs na primavera de 1934 ao editor de Berlim Erich Reiss a publicação de *Infância berlinense*, mas a proposta foi recusada (cf. GB, IV, 429). Benjamin parece ter também tentado, sem êxito, a publicação do livro junto do editor Lichtenstein. Em 7 de abril de 1934 escreve a Gretel Adorno: *Mando-te o melhor exemplar [de* Infância berlinense*] que tenho. Infelizmente, as cópias são muito desiguais. A ordem dos textos é a do livro* (GB, IV, 383). Como o termo "cópias" aqui só pode significar cópias datilografadas, é possível que Benjamin tenha enviado aos editores que contatou em 1934 uma cópia datiloscrita da *Infância berlinense*, com os textos numa ordem que considerou definitiva.

Adorno menciona numa carta de 5 de dezembro de 1934 "as novas peças da *Infância berlinense*", referindo-se provavelmente aos textos de que Benjamin fala em carta a Gretel Adorno, de 25 de novembro: *No que se refere [...] ao trabalho, comecei por pegar de novo na* Infância berlinense. *Ainda há algumas peças que tenciono escrever há anos. Uma delas parece-me ter alcançado agora a sua forma. Pelo título – "As cores" – poderás ver o lugar central que lhe atribuo [...] E há ainda outras, "A porta de Halle" e uma "Canção de Natal"* (GB, IV, 532). Em 1934 e 1935 foram ainda publicados os textos "Festas", "Blumeshof 12" e "A caixa de costura". "Blumeshof 12", que saiu em 14 de agosto de 1934 no *Frankfurter Zeitung* sob o pseudônimo Detlef Holz, foi o último texto de *Infância berlinense* a ser publicado na Alemanha. Em 1936 Benjamin ainda tentou "publicar a *Infância* no editor Reichner" de Viena, mas sem êxito (cf. carta de Adorno a Benjamin, de 7 de novembro de 1936).

Em maio de 1938 escrevia ao historiador e teólogo Karl Thieme: *No ano de 1932 comecei a escrever um livrinho,* Infância berlinense: 1900; *talvez tenha dado por partes dele no* Frankfurter Zeitung, *antes de Hitler. Nas últimas semanas revi e aumentei esse livro, que, devido ao seu tema, dificilmente encontrará editor. Se o encontrar, o livro poderá ser um notável êxito de livraria. Tem alguma coisa a dizer a milhares de alemães exilados, mas um editor terá mais dificuldades em reconhecer isso do que um leitor comum [...] Importa-se que eu lhe mande as cem páginas do manuscrito? Acha que nos círculos das suas relações haverá alguém que pudesse convencer a interessar-se pelo assunto?* (Br., 755-56; GB, VI, 72). Em carta a Adorno, de 19 de junho desse ano, informa-se que *ao decidir enviar-vos finalmente uma cópia da* Infância berlinense, *vi-me subitamente confrontado de novo com esse texto, e fiz uma revisão cuidada. Encontrarão várias peças no próximo número da revista* Maß und Wert (GB, VI, 123). No número de julho-agosto dessa revista apareceram, de fato, sob o título genérico *Infância berlinense: 1900*, os textos "Krumme Straße", "Ilha dos Pavões e Glienicke", "A meia", "Desgraças e crimes", "As cores", "Duas charangas" e "Anoitecer de inverno". Em abril de 1940 Benjamin escreve a Gretel Adorno: *Por estes dias vou mandar-vos o manuscrito de* Infância berlinense: 1900. *Guardem-no, por favor* (GB, VI, 437). Trata-se do chamado "exemplar de Felizitas" (o nome pelo qual Benjamin tratava Gretel Adorno nas cartas), um manuscrito em folhas soltas, sem uma ordem estabelecida. Esse manuscrito, uma das cinco versões conhecidas, não contém textos passados a limpo, mas primeiras versões muito emendadas e esboços fragmentários. Foi ele que serviu de base à edição organizada por Adorno em 1950 e também, juntamente com as versões impressas em jornais e revistas em vida de Benjamin, à primeira versão incluída na edição crítica em 1972 (GS IV/1, 235-304). As publicações na imprensa da época foram aparecendo, entre 1932 e 1938, nos seguintes jornais, para além da revista *Maß und Wert* (já em 1938): *Vossische Zeitung* (1932-33), *Frankfurter Zeitung* (1933-34), *Magdeburgische Zeitung* (1934) e *Neue Zürcher Zeitung* (1935).

Nem a versão provisória de 1932-1933, nem aquela outra, de 1934, que Benjamin propôs a várias editoras, se conservaram. Nem uma nem outra constituiriam, aliás, uma base segura para a edição, já que o autor as submeteu mais tarde a uma *profunda revisão*. Dessa revisão resultou a versão final "de última mão", hoje considerada vinculativa.

A versão de última mão

Duas descobertas posteriores a 1972 (a data da primeira publicação de *Infância berlinense* na edição crítica alemã), vieram alterar radicalmente os fundamentos editoriais do livro: o manuscrito da versão provisória redigido em 1932 e dedicado por Benjamin ao filho Stefan (referido como "exemplar Stefan", com vinte e quatro textos); e o datiloscrito de 1938, encontrado em 1981 por Giorgio Agamben na Biblioteca Nacional de Paris, com a indicação "Handexemplar komplett", e que constitui a versão de última mão, a única em que o número e a ordem dos textos foram definitivamente fixados por Benjamin. Essa versão datilografada, de 98 folhas e com aquela indicação na capa, do punho de Benjamin, abre com uma nota prévia sem título, contém trinta textos e mais dois em apêndice, e inclui ainda um índice com a ordem dos textos. Esta era certamente a versão de *100 páginas manuscritas* de que Benjamin fala a Karl Thieme em carta de 1938 atrás referida (ver: Br., 755-56; GB, VI, 72). O número de trinta textos da versão definitiva é já mencionado desde 1932, nomeadamente na carta de 10 de dezembro a Scholem (GB, IV, 149); mas, dado o desaparecimento de algumas das versões manuscritas referidas entre 1932 e 1934, não é possível confirmar se se trataria já de uma versão idêntica ou próxima da de 1938 (cf., sobre estas versões, GS VII/2, 692-94).

As explicações para o fato de Benjamin ter retirado nove (ou, contando com os dois do "Apêndice", onze) textos da versão definitiva só poderão assentar em hipóteses. Poderá dar-se o caso de o autor considerar certos núcleos temáticos suficientemente representados com um texto, tendo retirado outros por razões de equilíbrio global. Assim, por exemplo, o caso de "A caixa de leitura" e "A estante de leitura", cujo complexo temático poderá estar tratado em "As cores". A peça intitulada "Krumme Straße" representará o núcleo do sexo, o que explicaria quer o deslocamento de "O despertar do sexo" para o apêndice, quer a eliminação de "Pedintes e prostitutas" e "A despensa" (cujas "versões primitivas" se encontravam já em *Rua de mão única*). "Livros para rapazes" poderia substituir "Biblioteca escolar" e "Neuer deutscher Jugendfreund", no caso de não se ter prescindido destes pelo fato de "Um anjo de Natal" e uma passagem de "Blumeshof 12" representarem suficientemente a temática natalícia. Se hipóteses como essas não são de todo despiciendas, a sua consistência começa a tornar-se problemática quando se pensa nas outras peças eliminadas – "Partida e regresso", "Festas" (ambas publicadas em 1933 e 1934, a última duas vezes) e "Macacada" –, peças que tudo indica poderem figurar perfeitamente na versão de última mão. Isso, para não falar já dos restantes textos retirados, que o leitor dos quarenta e um que figuravam desde 1950 na edição de Adorno-Rexroth, que determinou de forma duradoura a recepção do livro, lamentaria perder (por isso esta edição os reproduz em apêndice a este Comentário de *Infância berlinense*, na p. 144).

A forma final dos textos incluídos na versão de última mão, resultado de um longo processo de revisão, alterações e cortes, trai claramente o desejo de publicação em livro por parte de Benjamin, depois da recusa de três editores, que terão achado a estrutura e a natureza do livro "demasiado complicadas". As intervenções vão, assim, muitas vezes no sentido da simplificação e mesmo de um certo laconismo narrativo, visível em peças como "Notícia de uma morte", cuja primeira parte, de natureza mais geral, desaparece, para deixar o texto concentrar-se no assunto específico, narrado de forma mais sóbria. O mesmo acontece com os cortes rigorosamente feitos no meio de um texto, para evitar desvios em relação à trama narrativa: por exemplo em "A Mummerehlen", em que foram cortados o autorretrato fotográfico e a lenda chinesa, em "A caixa de costura", que elimina a passagem sobre a figura fantástica, e kafkiana, de Odradek, ou ainda "O anãozinho corcunda", de que se retirou a passagem sobre os precursores da cinematografia. Outras vezes, as intervenções podem ir ao ponto de modificar o sentido original, como acontece com o final de "Um fantasma". No plano estilístico, as modificações afetam sobretudo a macrossintaxe (com a alteração dos parágrafos) e a expressão propriamente dita, com substituições e acréscimos que visam formulações mais rigorosas.

A descoberta do chamado "exemplar Stefan", o conjunto de folhas manuscritas que Adorno recebeu de Benjamin e ofereceu em 1950 ao destinatário da dedicatória, Stefan Benjamin, contribuiu também para o esclarecimento dos problemas de datação e ordenação dos textos da versão de última mão. Esse manuscrito e alguns testemunhos epistolares poderão ainda ser importantes para a gênese e a história editorial desse complexo livro. Adorno escreve em setembro de 1950 à viúva de Walter Benjamin, que vivia em Londres: "No mesmo dia em que restabeleci contato com Scholem, recebi da editora Suhrkamp o contrato da *Infância berlinense*, de que lhe mando cópia. Como sabe, Benjamin nomeou-me testamentário do seu espólio literário, e esse material chegou-me sem que eu pudesse verificar se estava completo [...] Durante a guerra e nos anos que se seguiram não era possível, naturalmente, pensar numa publicação na Alemanha. Mas quando, em novembro do ano passado, regressei à universidade [de Frankfurt], a primeira coisa que empreendi foram as negociações com Suhrkamp [...] para a publicação das obras de Benjamin. Um feliz acaso quis que na editora – na altura ainda associada à S. Fischer – se encontrasse, como leitor, Friedrich Podszus, que ficou, e ainda continua, muito entusiasmado com o projeto. O primeiro resultado dessas tentativas é a publicação de *Infância berlinense*, que deve sair ainda antes do Natal. [...] A *Infância berlinense* aparecerá com a dedicatória a Stefan. Se ele quiser o manuscrito original, tal como dele disponho, terei muito gosto em mandá-lo" (carta de Theodor W. Adorno a Dora Sophie Morser, de 13 de setembro de 1950). Na carta de agradecimento da destinatária lê-se: "Stefan gostaria muito de ter a *Infância berlinense* no manuscrito original, e agradece-lhe desde já" (Dora Sophie Morser a Theodor W. Adorno, em 22 de setembro de 1950). Adorno responde que "o manuscrito da *Infância berlinense* com a dedicatória original foi entretanto enviado a Stefan por correio registrado. Agradeço muito as linhas dele [no postscriptum da carta de 22 de setembro] e espero que me confirme a recepção" (Adorno a Dora S. Morser, 16 de outubro de 1950). A confirmação chegou em novembro, pouco depois de Adorno informar ainda: "acabamos de receber o primeiro exemplar da *Infância berlinense*. O livro ficou bonito. Deve receber brevemente os seus exemplares. Não imagina como estou contente por ter finalmente levado a empresa a bom porto. Acho também que vai ser um êxito de livraria [...]. Diga-me, por favor, se o manuscrito chegou bem." (Adorno a Dora S. Morser, 22 de novembro de 1950). Pouco depois, escrevia Stefan Benjamin: "Muito obrigado pelo envio do manuscrito. Desculpe ter demorado a confirmar a recepção, mas só agora regressei a Londres. Deu-me uma grande alegria com a oferta deste original, já que tenho muito pouca coisa manuscrita do meu pai. [...] Aguardamos ansiosos a chegada do livro – aqui, a edição teria demorado pelo menos outro tanto a sair" (Stefan Benjamin a Adorno, 26 de novembro de 1950).

A ordem dos vinte e quatro textos do "exemplar Stefan" (para além de três folhas com esboços e fragmentos) é a seguinte:

1. Tiergarten
2. O senhor Knoche e a Fräulein Pufahl (publicado sob o título "Duas imagens enigmáticas", em 1933)
3. Biblioteca escolar
4. A Coluna da Vitória
5. O carrossel
6. Festas
7. O despertar do sexo
8. Um fantasma
9. Desgraças e crimes
10. Tarde demais (publicado, sob o título "Atrasado", em 1933)

11. Mercado da Praça de Magdeburgo

12. Partida e regresso (em duas versões)

13. Pedintes e prostitutas (em duas versões)

14. A caixa de leitura

15. A lontra

16. A caixa de costura

17. O telefone

18. Esconderijos

19. Caça às borboletas

20. A febre

21. Manhã de inverno (em duas versões)

22. Notícia de uma morte

23. Duas charangas

24. Blumeshof 12 (em duas versões)

Há vários indícios que levam a supor que a data mais provável para esse manuscrito é a de finais de 1932. A ser assim, esta seria a primeira versão, ainda que provisória, de *Infância berlinense*. É certo que o outro conjunto de primeiros manuscritos (atrás designado de "exemplar Felizitas") contém peças anteriores em data, mas é igualmente certo que Benjamin considerou este conjunto, enviado a Gretel Adorno, como exemplar de trabalho pelo menos até 1934, enquanto que o "exemplar Stefan" é o primeiro com uma forma relativamente acabada.

Já depois de prontos para impressão os volumes dos "Suplementos" da edição crítica que incluem o texto e o aparato da versão definitiva de *Infância berlinense* (os volumes VII/1 e VII/2, publicados em 1989), apareceu uma última versão, em cópia datilografada, que pertencia à coleção benjaminiana do jurista Martin Domke (1892-1980). Domke foi vice-presidente da Associação de Estudantes da Universidade de Berlim em 1914, quando Benjamin era presidente; os dois voltaram a encontrar-se no círculo em torno de Brecht e em 1933, em Paris. Os manuscritos foram postos à venda, no começo dos anos sessenta, por um alfarrabista de Montreal, e adquiridos pelo germanista Clemens Heselhaus, que nunca os disponibilizou à equipe responsável pela edição crítica (ver GS I/2, 762). Essa versão foi encontrada no Instituto de Germanística da Universidade de Gießen e, apesar de se tratar provavelmente da mais antiga versão organizada em forma definitiva por Benjamin (entre fins de 1932 e princípios de 1933), não apresenta nem novos textos (tem um total de trinta, como a versão de última mão, mas com uma ordem diferente), por comparação com a edição de Adorno-Rexroth (1972), nem grandes divergências em termos de variantes (cf. GS VII/2, 721-723).

Apêndice

Traduzem-se a seguir os nove textos geralmente incluídos nas edições de *Infância berlinense* antes do aparecimento da edição de última mão, e que não figuram nesta.

Partida e regresso

O rastro luminoso sob a porta do quarto, na véspera, quando os outros ainda estavam acordados – não era ele o primeiro sinal de viagem? Não penetrava ele na noite das crianças ansiosas, como mais tarde o rastro de luz sob o pano de cena na noite do público? Creio que a nave dos sonhos que nessa altura nos vinha buscar balançou muitas vezes diante das nossas camas sobre o ruído das ondas da conversa e da espuma do matraquear dos pratos, para nos largar de manhã cedo, febris, como se tivéssemos já feito a viagem que só agora ia começar. Viagem numa tipoia ruidosa, ao longo do Landwehrkanal, e durante a qual o coração se me apertava. Certamente não pelo que estava para vir ou pela despedida; antes pela triste situação de estarmos sentados todos juntos, que se mantinha e durava e não se desvanecia com o começo da viagem, como um fantasma se esvai com o amanhecer, e me enchia de tristeza. Mas não por muito tempo, porque quando o carro deixava atrás de si a Chausseestraße já eu estava em pensamentos a fazer a nossa viagem de trem. Desde essa altura que as dunas de Koserow ou de Wenningstedt desembocam para mim aqui na Invalidenstraße, onde os outros se confrontam com os blocos de arenito da estação de Stettin. Mas de manhã cedo o objetivo era quase sempre outro: a estação de "Anhalt", que, pelo nome, devia ser a gruta-mãe dos trens, onde as locomotivas deviam sentir-se em casa e os trens eram obrigados a parar[25]. Não havia distância mais distante do que aquela em que os seus trilhos se encontravam na neblina. Mas também aí se distanciava a proximidade que ainda há pouco me envolvia. Na recordação, a

---

[25] O original faz um jogo com o nome da estação berlinense de Anhalt: *anhalten* significa em alemão "parar".

nossa casa apresentava-se-me transformada. Com os seus tapetes enrolados, os lustres embrulhados em serapilheira, as poltronas cobertas, com a meia-luz filtrada pelas persianas, ela dava lugar, logo que púnhamos o pé no estribo da carruagem do nosso trem rápido, à expectativa de solas estranhas, passos leves que, talvez já em breve, arrastando-se pelo assoalho, deixariam as marcas dos ladrões no pó que desde há uma hora começara confortavelmente a assentar. Por isso eu regressava sempre de férias como um apátrida. E até o mais miserável porão, onde a luz já estava acesa — e não precisava que a acendessem —, me parecia invejável quando comparada com a nossa casa, ainda mergulhada na escuridão na zona ocidental. Por isso, ao regressar de Bansin ou Hahnenklee, os pátios me ofereciam muitos refúgios, pequenos e tristes. Depois, porém, a cidade voltava a absorvê-los, como que arrependida da sua generosidade. E se o trem hesitava ainda diante deles, era porque um sinal nos barrava o caminho pouco antes de entrar na estação. Quanto mais devagar ele andava, mais depressa se desvanecia a esperança de escapar, por detrás das paredes cegas, da casa dos pais que já estava perto. Mas esses últimos minutos, antes de todos se apearem, estão ainda hoje diante dos meus olhos. Alguns olhares terão passado por eles como nos pátios. Janelas abertas em muros decrépitos, por detrás das quais há uma luz acesa.

A despensa

A minha mão entrava pela fresta apertada do armário da despensa como um amante pela noite adentro. Quando se habituava à escuridão, começava a tatear em busca de açúcar ou amêndoas, de uvas-passas ou compotas. E ainda como o amante, que abraça a mulher antes de beijá-la, o sentido do tato marcava encontro com eles antes que a boca saboreasse a sua doçura. E como o mel, uma mão-cheia de uvas-passas, até o arroz, se entregavam, lisonjeados, à minha mão! Que paixão a do encontro que libertava ambos da colher! Agradecida e rebelde como a moça raptada da casa dos pais, a compota de morango oferecia-se para ser saboreada sem pão, por assim dizer ao ar livre, e até a manteiga respondia com ternura à ousadia de um pretendente que avançava pelo seu quarto de solteira. A mão, esse D. João juvenil, em breve tinha entrado em todas as câmaras e aposentos, deixando atrás de si camadas espessas a escorrer: a virgindade que, sem protestos, se renovava.

Festas

A minha mãe tinha uma joia de forma oval. Era tão grande que não podia ser usada no peito; por isso, de cada vez que a usava, punha-a sempre no cinto. Mas só a usava quando ia a alguma festa, e em casa apenas quando eles próprios davam uma. Era uma beleza, com a sua grande pedra cintilante e amarela ao meio, emoldurada por uma série de outras, de tamanho médio e em várias cores – verde, azul, amarelo, rosa, púrpura. Essa joia deixava-me maravilhado cada vez que a via, pois nos milhares de pequenos lumes que chispavam na sua orla havia uma música de dança bem audível. O minuto solene em que a mãe a tirava do cofre dava a ver o seu duplo poder: para mim, representava os serões de festa, cujo centro era, de fato, a faixa da minha mãe; mas era também o talismã que a protegia de tudo aquilo que pudesse vir de fora e ameaçá-la. E também eu me sentia protegido por ele.

Mas o que ele não conseguia era evitar que eu, nessas raras noites em que se dava a ver, tivesse de ir para a cama. Sentia-me duplamente contrariado por isso quando a festa era em nossa casa. Mas ela passava a soleira do meu quarto, e entrávamos em permanente ligação assim que se ouvia o primeiro toque da campainha. A partir daí, a campainha haveria de importunar quase incessantemente o corredor. E o seu toque não era menos inquietante pelo fato de ser mais curto e mais preciso. A mim não me enganava: nos seus toques havia uma exigência que ia mais longe do que nos dias normais. E a essa exigência respondia o abrir da porta, que agora se fazia imediatamente e em silêncio. Depois vinha a altura em que a festa, que mal tinha começado, já parecia estar a acabar. De fato, os convidados apenas se haviam retirado para as salas mais afastadas, para aí desaparecerem, no meio do borbulhar surdo e dos últimos sons de passos e conversas, como um monstro que, após ter dado à praia, procura refúgio no lodo úmido da costa. Eu sentia que tudo o que agora enchia as salas era qualquer coisa de impalpável, escorregadio e sempre pronto a estrangular quem quer que andasse em seu redor. A camisa impecável do fraque que o meu pai usava nessas noites parecia-me agora uma couraça, e o olhar que ainda há uma hora percorria as cadeiras vazias estava armado.

Entretanto, um murmúrio invadira-me; o invisível ganhara forças e dispusera-se a entrar em diálogo consigo próprio em todas as partes do corpo. Escutava o seu próprio rumor surdo, como aquele que se ouve no interior de um búzio, aconselhava-se consigo próprio como folhagem ao vento, crepitava como a lenha na lareira e por fim apagava-se em silêncio. Chegara o momento em que eu me arrependia de, horas atrás, ter aberto o caminho ao imprevisível. Isso acontecia com um gesto, pelo qual a mesa de jantar se abria e punha à vista uma tábua que, desdobrada, preenchia o espaço entre as duas metades, de modo a haver lugar para todos os convidados. Depois me deixavam ajudar a pôr a mesa. E não eram só alguns utensílios especiais, garfos de lagosta e facas de ostras, que me honravam; também os mais comuns, do dia a dia, que agora entravam em cena em estilo solene. Os copos de vinho bojudos, de vidro esverdeado, os pequenos cálices de cristal para o vinho do Porto, as taças de champanhe cheias de filigrana; os saleiros em forma de vasinhos de prata, as rolhas das garrafas com figuras de gnomos ou animais, pesadas, de metal. Por fim, deixavam-me colocar sobre um dos muitos copos de cada lugar os cartõezinhos que indicavam aos convidados a cadeira que os esperava. Os cartõezinhos eram a coroa da obra. E quando, por fim, dava a volta a toda a mesa para a admirar, ainda sem as cadeiras – só então era invadido pelo sinal de paz que me acenava de cada um dos pratos. Eram as centáureas-azuis que, em padrão discreto, decoravam o serviço de imaculada porcelana branca: um sinal de paz cuja doçura só podia ser avaliada pelo olhar familiarizado com os sinais bélicos que tinha à minha frente todos os outros dias.

Penso nos pratos com o padrão de cebolas em azul. Quantas vezes lhe pedi auxílio durante as escaramuças travadas a esta mesa que agora estava ali, tão esplendorosa, à minha frente. São incontáveis as vezes que me pus a seguir os seus ramos e linhas, flores e volutas, com mais devoção do que diante de qualquer quadro. Nunca ninguém se oferecera tão sem reservas a uma amizade como eu àquela do padrão de cebolas azuis. Gostaria tanto de tê-lo tido como aliado naquela luta desigual que tantas vezes me amargurava o almoço. Mas nunca o consegui. Aquele padrão era subornável como um general da China, onde, por sinal, ele tivera a sua origem. As honrarias que a minha mãe lhe dispensava, as paradas para que convocava o regimento, os lamentos que ecoavam da cozinha por cada membro caído desse exército, por tudo isso o meu namoro era em vão. Frio e servil, o padrão de cebolas resistia aos meus olhares e não destacaria uma única das suas folhinhas para me cobrir.

O espetáculo festivo daquela mesa libertava-me do fatal desenho, e isso só por si teria bastado para me encantar. Mas, quanto mais a noite se aproximava, tanto mais se nublavam a glória e o brilho que ela me prometera ao meio-dia. E quando depois a minha mãe, apesar de estar em casa, vinha correndo me dar boa-noite, era então que eu sentia duplamente a falta do presente que ela me costumava deixar àquela hora sobre a colcha: o relato das horas que o dia ainda lhe reservava, e que acompanhava a minha entrada no sono, tal como antes a boneca. Eram essas horas que me caíam secretamente, sem que ela desse por isso, nas dobras da colcha que ajeitava, eram essas mesmas horas que me consolavam nas noites em que ela saía, quando me tocavam com a renda negra do lenço que já tinha posto na cabeça. Eu adorava essa proximidade, e o perfume que ela me trazia. Cada instante ganho à sombra desse lenço e à proximidade da pedra amarela fazia-me mais feliz que os bombons-surpresa prometidos com o beijo de despedida para a manhã seguinte. Quando o meu pai a chamava lá de fora, eu sentia-me orgulhoso de deixá-la partir assim tão esplendorosa para a festa. E, apesar de a não conhecer, sentia na minha cama, pouco antes de adormecer, a verdade enigmática desta pequena máxima: "Quanto mais avançada a noite, mais belos os convidados."

A caixa de leitura

Jamais poderemos reaver inteiramente o esquecido. E isso talvez seja bom. O choque da recuperação seria tão destruidor que nesse mesmo instante teríamos de deixar de entender a nossa nostalgia. É dessa maneira, porém, que a entendemos, e tanto melhor quanto mais fundo se acha em nós o esquecido. Tal como a palavra perdida, que ainda agora tínhamos na ponta da língua, lhe daria asas demostênicas, assim também o esquecido parece ter em si o peso da promessa de toda a vida vivida. Talvez aquilo que torna o esquecido tão pesado e promissor mais não seja que o vestígio de hábitos desaparecidos aos quais já não poderíamos regressar. Talvez o segredo da sua sobrevivência seja a amálgama com a fina poeira dos nossos invólucros desfeitos. Seja como for – todos temos certas coisas que despertaram em nós hábitos mais duradouros do que quaisquer outras. Com elas se formaram as capacidades que se tornaram determinantes da nossa existência. E como, no que à minha se refere, essas coisas foram o ler e o escrever, de tudo aquilo que me aconteceu na infância nada desperta em mim maior nostalgia que a caixa de leitura. Ela continha, em pequenas tabuinhas, as letras soltas, numa caligrafia gótica que lhes dava maior juventude e delicadeza do que em letra de imprensa. Deitavam-se, elegantes, no leito oblíquo, cada uma delas perfeita e inserida na sua sequência por meio da regra da sua Ordem – a palavra –, na qual se integravam como irmãs. Perguntava a mim mesmo como era possível existirem, juntos, tanta modéstia e tanto esplendor. Era um estado de graça. E a minha mão direita, que se esforçava obedientemente por alcançá-lo, não o encontrava. Tinha de ficar de fora, como o porteiro que está ali para deixar passar os eleitos. Assim, a sua relação com as letras era marcada pela renúncia. A nostalgia que desperta em mim mostra como ela esteve intimamente ligada à minha infância. O que, na verdade, nela busco, é a própria infância: toda a infância, contida naquele gesto com que a mão enfiava as letras na calha em que se alinhavam para formar palavras. A mão ainda é capaz de sonhar *esse gesto, mas jamais de despertar para realizá-lo plenamente. Posso também sonhar com o modo como em tempos aprendi a andar. Mas isso de nada me serve. Agora, sei andar, mas já não posso aprender a andar.*

Macacada

Macacada (Affentheater = teatro de macacos) – esta palavra tem para os adultos qualquer coisa de grotesco. Mas não tinha esse sentido quando a ouvi pela primeira vez. Ainda era pequeno. A ideia de macacos num palco era uma coisa invulgar, e não fazia sentido no contexto do que para mim havia de mais invulgar – o palco. A palavra teatro entrava-me pelo coração como um toque de trombeta. A imaginação sobressaltava-se. Mas o rastro que seguia não era o que levava aos bastidores, e que mais tarde iria guiar o rapazinho mais crescido, mas antes o daqueles felizardos e espertos que tinham convencido os pais a deixá-los ir à tarde ao teatro. O acesso a ele passava por uma brecha no tempo, e o nicho do dia que era a tarde, quando já cheirava a luz e a horas de ir para a cama, era interrompido. Não para libertar o olhar na direção de Guilherme Tell ou da Bela Adormecida, ou pelo menos não apenas com essa finalidade. O outro objetivo ia mais longe: estar sentado no teatro, no meio dos outros que também lá estavam. Eu não sabia o que me esperava, mas tinha a certeza de que o espetáculo era apenas uma parte, o prelúdio, de um comportamento muito mais importante que partilhava com os outros. De que tipo, não sabia. Com certeza tinha tanto a ver com macacos como com o prestigiado elenco dos atores. E a distância que vai do macaco ao homem também não era maior do que aquela que separa o homem do ator.

Biblioteca escolar

Tudo se passava num intervalo das aulas: recolhiam-se os livros e voltava-se a distribuí-los pelos candidatos. E nem sempre eu era suficientemente ágil nessas ocasiões. Muitas vezes via os livros que eu mais desejava irem parar nas mãos de quem não sabia dar-lhes o devido valor. O mundo desses livros era muito diferente do dos manuais em cujas histórias tinha de assentar arraiais durante dias e mesmo semanas, como numa caserna que tinha à entrada um número, ainda antes do nome. Pior ainda eram as casamatas dos poemas patrióticos, em que cada verso era uma cela. Que mediterrânica e suave era, pelo contrário, a brisa tépida dos alfarrábios distribuídos no intervalo! Era o ar em que a catedral de Santo Estêvão acenava aos Turcos que sitiavam Viena, em que se formavam as nuvens de fumo azul dos cachimbos do círculo de fumadores, os flocos de neve dançavam no Beresina e uma luz pálida anunciava os últimos dias de Pompeia. Acontecia que esse ar já estava um tanto parado quando nos vinha dos livros de Oskar Höcker e W. O. von Horn, de Julius Wolff e Georg Ebers. Mas o que cheirava mais a mofo era o dos volumes da coleção "Do Passado da Pátria", e que eram tantos no primeiro ano do liceu que havia poucas probabilidades de lhes passar ao lado e apanhar um livro de Wörishöffer ou Dahn. Tinham gravada nas capas de linho vermelho a figura de um alabardeiro. No texto havia umas lindas flâmulas de cavaleiros, acompanhados de respeitáveis aprendizes de vários ofícios, de filhas louras de castelões e alfagemes, vassalos a prestar juramento de fidelidade ao suserano; e não faltavam também o falso senescal a tramar intrigas, nem os artífices em digressão, ao serviço do rei estrangeiro. Quanto menos nós, filhos de comerciantes e conselheiros, fazíamos ideia desse mundo de servos e senhores, tanto mais esse universo ordenado e cheio de ideais nos entrava pela casa adentro. O brasão sobre o portão do castelo feudal fui encontrá-lo no cadeirão de couro em frente à mesa do meu pai, as grandes canecas usadas na mesa dos banquetes do general Tilly lá estavam, nas consolas dos fogões de sala ou no armário do vestíbulo, e bancos como aqueles que nas tabernas, provocativamente colocados de través, barravam o caminho, havia-os também sobre os nossos tapetes de Aubusson, com a diferença de que agora nenhum dragão do regimento dos Prittwitzscher se sentava neles. Num caso, porém, a fusão desses dois mundos resultava plenamente. Acontecia sob o signo de um livro cujo título de modo nenhum ia com o conteúdo. Lembro-me apenas de uma parte a que se reportava uma pintura a óleo, e que eu abria sempre com a mesma impressão de terror. Fugia dessa imagem e ao mesmo tempo ela atraía-me. Passava-se o mesmo que mais tarde, com a imagem do Robinson em que Sexta-Feira encontra pegadas de estranhos e, perto delas, caveiras e esqueletos. Mas era muito mais soturno o terror que me vinha da mulher de camisola branca, de olhos abertos, mas parecendo dormir, que deambulava por uma galeria com um candelabro aceso. A mulher era cleptômana. E esta palavra, em que o som maligno e hostil da primeira parte distorcia as fantasmagóricas sílabas finais, como Hokusai transforma com algumas pinceladas o rosto de um morto num espetro — aquela palavra deixava-me transido de terror. Muito tempo depois de o livro — o seu título era Aus eigener Kraft *[Por Vontade Própria] — já estar de novo arrumado no armário da turma, ainda aquele corredor da casa de Berlim que levava às salas das traseiras era para mim a longa galeria por onde a castelã se passeava à noite. Esses livros podiam ser reconfortantes ou*

COMENTÁRIO

aterrorizantes, monótonos ou excitantes, nada acrescentava ou diminuía a sua magia. Pois esta não dependia do seu conteúdo, estava toda naquele quarto de hora que me garantia e me fazia suportar o sacrifício da árida vida escolar. Alegrava-me logo quando, à noite, metia o livro na pasta arrumada, que ficava mais leve com essa carga. A escuridão que ele aí partilhava com os cadernos, os livros escolares, as caixas de aparos, ajustava-se aos acontecimentos misteriosos que a manhã seguinte lhe reservava. Era então que chegava o momento em que, na mesma sala que ainda há pouco fora cenário da minha humilhação, eu sentia em mim um poder semelhante ao de Fausto no momento em que Mefistófeles lhe aparece. O professor, que agora tinha descido do tablado para recolher os livros e voltar a distribuí-los junto do armário, afinal mais não era que um diabo menor que tinha de abdicar dos seus poderes maléficos para pôr a sua arte ao serviço dos meus desejos. E como falhavam todas as suas tentativas tímidas de influenciar a minha escolha com uma ou outra sugestão! Como o pobre diabo se sentia frustrado no seu trabalho de escravo, enquanto eu há muito tempo tinha saltado para o meu tapete voador, a caminho da tenda do último moicano ou do acampamento de Konradin von Staufen!

Neuer deutscher Jugendfreund[26]

A satisfação com que o recebíamos e mal ousávamos abri-lo era a de um hóspede que chega a um castelo e mal ousa, com um olhar de espanto, atravessar a longa fileira de aposentos antes de chegar ao seu quarto. Por isso espera com impaciência o momento de poder ficar só. Também, quando recebia pelo Natal o último número do Neuer Deutscher Jugendfreund, *me escondia logo atrás da proteção da sua capa adornada de brasões, para apalpar caminho até a sala de armas e de caça, onde queria passar a primeira noite. Não havia coisa que se comparasse, nessa rápida inspeção do labirinto da leitura, à descoberta das galerias subterrâneas que eram as histórias mais longas, muitas vezes interrompidas para voltarem sempre a aparecer com a indicação "continuação do número anterior". E que importava se o aroma do marzipã parecia irromper subitamente do fumo de pólvora de uma batalha aonde eu fora dar ao folhear o livro, extasiado? Mas se, depois de termos estado concentrados algum tempo, voltássemos à mesa onde estavam os presentes, esta já não se apresentava como a irresistível atração que fora quando da primeira entrada na sala. Era como se descêssemos um pequeno caminho que nos levasse, do nosso castelo fantasma, de novo para dentro da noite.*

---

[26] "O Novo Amigo da Juventude Alemã", título de um almanaque para a juventude.

A carteira

O médico achou que eu era míope. E receitou-me não só óculos, mas também uma carteira de escola. Era uma construção muito engenhosa. Podia regular-se o assento de modo a ele ficar mais ou menos afastado da prancha inclinada onde se escrevia; tinha também uma travessa horizontal para apoiar as costas, para não falar já de um pequeno apoio móvel para os livros, que coroava o conjunto. A carteira à janela em breve se tornou o meu lugar preferido. No pequeno armário disfarçado por baixo do assento eu guardava não só os livros da escola, mas também o álbum dos selos e outros três, com a minha coleção de postais ilustrados. E no gancho forte, de um dos lados da carteira, podia pendurar, ao lado do cesto da merenda e da minha pasta, também o sabre do uniforme de hussardo e o tambor de herborista. Muitas vezes, ao voltar da escola, a primeira coisa que fazia era festejar o reencontro com a carteira, transformando-o no lugar de uma das minhas atividades preferidas, por exemplo a decalcomania. No lugar do tinteiro punha então uma chávena com água quente, e começava a recortar as imagens. O véu atrás do qual me olhavam, das folhas e dos cadernos, prometia mundos! O sapateiro inclinado sobre a sua forma e as crianças sentadas na árvore a colher maçãs, o leiteiro diante da porta meio tapada pela neve, o tigre escondido, a preparar o salto sobre o caçador, de cuja espingarda saía já fogo, o pescador na erva diante do seu ribeirinho azul, e a classe que escuta atentamente o que diz o professor lá à frente, no quadro, o droguista à porta da sua loja colorida e bem fornecida, o farol com o barco à vela a passar diante dele — todas essas imagens estavam envolvidas por uma película de névoa. Quando, porém, suavemente iluminadas, repousavam na folha de papel, e as pontas dos meus dedos, rolando, raspando e descascando com cuidado a camada grossa do lado do avesso, a iam tirando em rolinhos finos, quando depois a cor começava a aparecer, bonita e límpida, em pequenas manchas no reverso da folha, raspado e esfolado, era como se o sol brilhante de setembro se derramasse sobre o mundo baço e deslavado da manhã e todas as coisas, ainda úmidas do orvalho fresco da aurora, se iluminassem para ir ao encontro de mais um dia da criação. Mas, se me fartava dessa brincadeira, encontrava logo outro pretexto para adiar os trabalhos da escola. Gostava de voltar a ver cadernos antigos, que para mim tinham um valor especial, que lhes vinha do fato de eu ter conseguido salvá-los do professor, que tinha direitos sobre eles. Agora, passava os olhos pelas notas que ele tinha escrito a tinta vermelha, e sentia-me inundado de um prazer silencioso. Pois, tal como os nomes dos que morreram, escritos na pedra tumular, e que agora já não podem nos ser úteis nem prejudiciais, ali estavam as notas antigas que já tinham perdido todo o seu poder. De outro modo, e de consciência ainda mais tranquila, podiam passar-se outras horas na carteira a tratar dos cadernos e dos livros. Os livros tinham de ser encapados com um papel azul grosso, e quanto aos cadernos, era obrigatório que todos tivessem a sua folha de mata-borrão, de tal modo que esta não se perdesse. Para esse efeito havia pequenas fitas que se podiam comprar em todas as cores. Essas fitas eram presas com obreias à capa do caderno e ao mata-borrão. Se nos preocupássemos em ter alguma riqueza de cores, podia chegar-se aos mais diversos arranjos, dos mais harmoniosos aos mais garridos. A carteira tinha, assim, semelhanças com a da escola. Mas tanto melhor quanto aí eu me sentia protegido e tinha espaço para coisas que a ela eu não podia revelar. A minha carteira e eu éramos cúmplices contra a da escola. No fim de um desinteressante dia de escola, assim que me juntava a ela ganhava logo novas forças. Sentia-me não apenas dentro de casa, mas dentro de uma casca, como aqueles clérigos das gravuras medievais, protegidos pelos seus genuflexórios ou pelas suas estantes de leitura como se fossem armaduras. Nessa cela comecei a ler Deve e Haver e Duas Cidades.[27] Escolhia a hora mais calma do dia e esse lugar, o mais isolado de todos. Depois, abria a primeira página e sentia-me tão emocionado quanto alguém que pisasse um novo continente. E era de fato um novo continente, no qual a Crimeia e o Cairo, Babilônia e Bagdá, o Alasca e Taschkent, Delfos e Detroit ficavam tão perto uns dos outros quanto as medalhas de ouro nas caixas de charutos que eu colecionava. Não havia nada de mais reconfortante do que ficar nesse lugar, cercado por todos os instrumentos da minha tortura – cadernos de significados, compassos, dicionários –, mas sabendo que ali as suas exigências de nada valiam.

Pedintes e prostitutas

Na minha infância fui um prisioneiro do antigo e do novo bairro ocidental de Berlim. O meu clã morou nesses dois bairros, assumindo uma atitude que era um misto de teimosia e orgulho, e que fazia desses bairros um gueto que ele via como o seu feudo. Fiquei encerrado nesse bairro de

---

[27] *Deve e Haver (Soll und Haben)*; romance de Gustav Freytag (de 1855); *Duas Cidades*: deve tratar-se da tradução alemã do romance de Charles Dickens *A Tale of Two Cities* (1859).

gente rica, sem saber da existência de outros. Para as crianças ricas da minha idade, os pobres só existiam enquanto pedintes. E foi um grande progresso nos meus conhecimentos quando pela primeira vez a pobreza se me deu a conhecer na forma do trabalho mal pago e aviltante. Isso aconteceu num pequeno escrito, talvez o primeiro que redigi inteiramente para mim mesmo. Tratava de um homem que distribuía folhetos e das humilhações que sofre por parte de um público que não tem qualquer interesse nos seus folhetos. E por isso esse pobre — era a conclusão da minha história — desfez-se secretamente daquele maço de papelada. É certamente a forma mais infrutífera de resolver a situação. Mas naquela altura não me ocorreu outra forma de revolta a não ser a da sabotagem; esta, aliás, por experiência própria. Era a ela que eu recorria quando me queria livrar da minha mãe. Sobretudo quando ela tinha de ir às compras, e eu me mantinha numa obstinação tão empedernida que ela muitas vezes chegava ao desespero. É que eu adquirira o hábito de ficar sempre meio passo atrás dela. Era como se me recusasse a formar uma frente com a minha própria mãe. Mais tarde, quando o labirinto da cidade se abriu às pulsões do sexo, descobri o que fiquei a dever a essa resistência onírica nas andanças com a minha mãe. No entanto, no seu primeiro tatear, aquelas não buscavam o corpo, mas antes a psique totalmente abjeta cujas asas brilhavam, pútridas, na luz de um candeeiro a gás, ou dormitavam, ainda não abertas, sob as suas peles de crisálida. Um olhar que não parece ver a terça parte daquilo que realmente o envolve foi-me então muito útil. Mas já naquela altura, quando a minha mãe me repreendia por causa da minha rabugice e do meu andar sonolento, eu pressentia vagamente a possibilidade de mais tarde, numa aliança com essas ruas em que aparentemente não me orientava, conseguir escapar ao seu domínio. Mas não há dúvida de que a sensação — infelizmente ilusória — de contrariar a minha mãe e a nossa classe social foi a responsável pelo desejo inaudito de meter conversa com uma prostituta no meio da rua. Podiam passar horas até que isso acontecesse. O pavor que sentia nessas alturas era o mesmo que sentiria se bastasse uma pergunta para pôr em movimento um autômato a quem me dirigisse. Era assim que fazia ouvir a minha voz através da ranhura. Depois, o sangue zumbia nos meus ouvidos, e eu era incapaz de perceber as palavras que caíam daquela boca muito pintada. Fugia, para, na mesma noite — quantas vezes ainda —, repetir a audaciosa experiência. Quando, por vezes já perto do romper do dia, parava num portal, tinha-me emaranhado desesperadamente nas teias de asfalto da rua, e nem as mãos mais limpas conseguiriam libertar-me.

Este livro foi composto com tipografia Bembo e impresso
em papel Pólen Bold 70 g/m² na Formato Artes Gráficas.